软式排球

全民健身项目指导用书

张涛　徐延龙◎主编

吉林出版集团股份有限公司　全国百佳图书出版单位

图书在版编目（CIP）数据

软式排球 / 张涛，徐延龙主编. -- 2版. -- 长春：吉林出版集团股份有限公司，2010.2（2024.8重印）
全民健身项目指导用书
ISBN 978-7-5463-2373-2

Ⅰ. ①软… Ⅱ. ①张… ②徐… Ⅲ. ①排球运动-基本知识 Ⅳ. ①G842

中国版本图书馆 CIP 数据核字(2010)第 028523 号

全民健身项目指导用书
软式排球
RUANSHI PAIQIU

主　　编	张　涛　徐延龙	
责任编辑	李婷婷	
封面设计	吕宜昌	
开　　本	650mm×960mm　1/16	
印　　张	8	
字　　数	60 千	
版　　次	2010 年 2 月第 2 版	
印　　次	2024 年 8 月第 4 次印刷

出版发行	吉林出版集团股份有限公司
地　　址	吉林省长春市福祉大路 5788 号
邮　　编	130000
电　　话	0431-81629968
电子邮箱	11915286@qq.com
印　　刷	三河市金兆印刷装订有限公司
书　　号	ISBN 978-7-5463-2373-2　　定　价　39.80元

版权所有　翻印必究
如有印装质量问题，请寄本社退换

序言

自1995年我国政府推出《全民健身计划纲要》以来，我国群众性体育活动蓬勃发展，取得了显著的成绩。2008年，举世瞩目的北京奥运会的成功举办，极大地激发了亿万人民群众的体育热情，增强了全社会的体育意识，营造了浓厚的全民健身氛围。面对这样的可喜局面，群众体育科研、教学工作者应义不容辞地为社会实践服务，从不同角度思考，如何使普通百姓通过简而易行的身体锻炼方式、方法和手段达到良好的健身效果，达到拥有健康的目标，从而享受生活、享受快乐人生。该书系就是在这样的思想指导下诞生的。

本书系能够顺应国家体育的大政方针，掌握时代脉搏，对指导大众健身，使大众掌握健身方法和手段有很好的促进作用。

本书系图文并茂，实用性强，分为球类运动、体操健身运动、传统武术、冰雪运动、水上运动、体育舞蹈、休闲运动、格斗运动、民间体育活动和极限运动等十大类项目，计100分册，按照统一的体例，力争有所创新。每册的具体内容为该项目的起源与发展、运动保健、基本技术、运动技巧、比赛规则等,使读者在学习过程中,不仅能够学会运动健身的方法,同时还能够学到保健方面的基本知识。

经国务院批准,自2009年起,将每年的8月8日定为"全民健身日"。《全民健身项目指导用书》的出版,必将为开展全民健身活动起到积极的推动和指导作用。

目录 CONTENTS

第一章 概述
第一节 起源与发展/002
第二节 场地、器材和装备/004

第二章 运动保健
第一节 自我身体评价/010
第二节 运动价值/014
第三节 运动保护/019

第三章 基本技术
第一节 准备姿势与移动/030
第二节 垫球技术/042
第三节 传球技术/051
第四节 发球技术/059
第五节 扣球技术/069
第六节 拦网技术/083

目录 CONTENTS

第四章 基础战术

第一节　个人战术/092
第二节　六人制战术/095
第三节　四人制战术/103
第四节　三人制(家庭组合)战术/109

第五章 基本规则

第一节　比赛方法/118
第二节　裁判方法/119

第一章 概述

　　软式排球运动是排球运动家族的新成员。它是人们根据自身运动的要求,合理地对排球进行改造,进而创造出的一项新兴体育运动。软式排球运动的设计与开展,主要以中老年和儿童为对象,具有重量轻、体积大、制造材料柔软、不伤手指等特点。目前,软式排球运动已成为一项深受广大体育爱好者欢迎的群众性健身运动。

第一节 起源与发展

> 软式排球运动是一项新兴的体育运动项目,诞生于20世纪80年代的日本。在我国,软式排球运动已经得到了迅速普及和发展。

20世纪80年代初,软式排球运动创立于日本的山梨县,随后流传到日本国内各个地方。它最初只作为家庭成员和中老年人健身、娱乐的体育活动项目。

1988年8月,日本排球协会制定了软式排球竞赛规则;6个月后,在神奈川县举办了第1届全日本软式排球培训班。

1988年10月,在日本山梨县举行了"全日本家庭软式排球比赛"。

1989年4月,日本正式出版了第一本《软式排球竞赛规则》,并在全国各都、道、府、县分别举行了家庭软式排球比赛。

1992年2月,日本软式排球运动将小学组与成人组分开,并取名为"小软式排球"。

软式排球运动出现以后,由于普及性强,易于推广,很快在世界各地广泛传播。

1993年4月,"日本沙滩软式排球协会"成立。自此,软式排球运动在日本全面普及,并开始向国外推广。

1994年10月,日本向美国派出了30人的软式排球代表团进行访问,并由此开始广泛地向世界各地传播、推广软式排球运动。欧美的一些国家,如美国、意大利、加拿大以及亚洲的韩国、新加坡等国相继开展了软式排球运动。

1994年,在瑞士、芬兰举行的"实力杯"世界青少年软式排球大赛,共有5000余人参加了比赛。

1995年8月,北京体育大学利用从日本购回的软式排球,在全校教职工中举办了中国历史上首届软式排球比赛,这是我国第一次接触和开展软式排球运动。

1999年10月,国家体育总局排球运动管理中心成立了"全国软式排球推广领导小组"。这标志着中国软式排球运动开始进入了有组织、有计划的发展阶段。

发展趋势

国内趋势

为更广泛地开展群众性体育活动,增强人民体质,推动我国社会主义现代化建设事业的发展,1995年6月,国务院提出了《全民健身计划纲要》,号召全社会广泛开展全民健身运动。全民健身运动在全国范围内蓬勃发展,具有中国特色的全民健身体系的框架已经初步形成。全民健身运动的开展,有利于提高人们的生活质量,丰富人们的业余文化生活,促进社会进步;有利于加强社会主义精神文明和物质文明建设,提高我国的综合国力,振奋民族精神。

2000年以来,软式排球运动在全国范围内,特别是在大学、中学、小学及社会团体中得到了有计划、有组织的开展。作为排球家族的后起之秀,软式排球运动因其球体较柔软而得名。软式排球的形状、大小、重量都与普通排球相同,但因其球体质地柔软,球的飞行速度相对较慢,明显降低了击球的难度,趣味性大大增强,因此,软式排球运动是最理想的大众普及型的球类运动项目之一。软式排球运动的推广有力地推动了全民健身运动的深入发展。随着我国进行软式排球运动人口数量的猛增,各种比赛的增多,理论研究的深入以及媒体的重视和支持,可以预见,软式排球运动在我国将具有越来越广阔的发展前景。

国外趋势

2003年,软式排球运动被国际排联正式列入全球推广计划。世界各国的排球协会都极为重视软式排球的推广工作。近几年,世界上的一些国家,如美国、意大利、加拿大、韩国、新加坡均相继开展了软式排球运动。在开展这一运动的基础上,各国也相应组织了一些比赛。各国根据各自的实际情况来确定比赛用球,规定比赛的组织形式,制定竞赛规则,软式排球运动呈现出不同的发展特点。

第二节 场地、器材和装备

高质量的场地是运动开展的前提,而良好的器材和装备则是练习者发挥较高水平的必要保证。软式排球运动对场地、器材和装备的要求,与普通排球相比较低,可以根据参与者的人数和年龄做出相应的调整。

场地

场地是开展软式排球活动的必备条件,也是初学者应该了解的内容,下面主要介绍软式排球场地的规格、设施及要求。

规格 见图1-2-1

(1)场地呈长方形,长为13.4米,宽为6.1米;

(2)场地界线的长线称为边线,短线称为端线,在网下连接两条边线中点的线称为中线;

(3)所有界线宽度均为5厘米。

图1-2-1

设施

地面

场地的地面为木地板、塑胶、土地、草地或沙土地等。

网柱

（1）支架球网的两根网柱必须为高为 2.25 米的光滑圆柱，能够调节高度；

（2）网柱固定在两条边线外 0.5～1 米的地方，一切危险设施或障碍物都必须排除。

球网
见图 1-2-2

（1）成人组球网高度为 2.2 米，家庭组和 12 岁以下组球网高度为 2.1 米，10 岁以下组球网高度为 2 米；

（2）球网的高度应用量尺从场地中间丈量，球网两端（边线上空）离地面的高度必须相等，并不得超过规定网高 2 厘米；

（3）在球网两端，垂直于边线和中线的交接处有 2 条彩色带子称为标志带，标志带长为 80 厘米，宽为 4～6 厘米；

（4）标志杆设置在标志带外沿，是有韧性的 2 根杆子，长为 1.6 米，直径为 1 厘米，分别在球网的不同侧面；

（5）标志杆由玻璃纤维或类似材料制成，高出球网 80 厘米，高出的部分每 10 厘米应涂有明显对比的颜色，最好为红白相间。

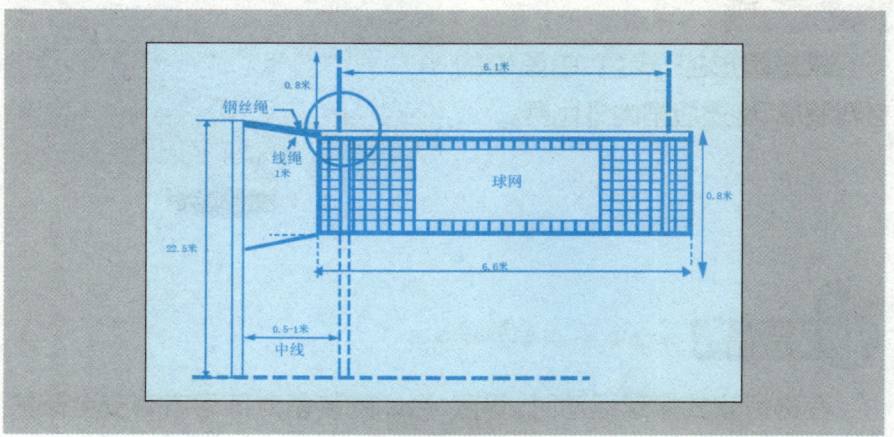

图 1-2-2

 **要求**

（1）场地四周至少有 2 米宽的无障碍区，从地面向上至少有 7 米高的无障碍空间；

（2）场地尽可能平坦，不得有任何可能造成队员伤害的石块、壳类等隐患，不得在粗糙或易滑倒的地面上进行比赛；

（3）场地界线的颜色必须与地面相区别。

 **器材**

进行软式排球运动的必备器材就是软式排球，良好的器材是软式排球运动开展的重要保障。

 **规格**   见图 1-2-3

（1）成人组和家庭组所使用的排球，周长为 66 厘米（±1 厘米），重量为 0.18 千克（±0.01 千克）；

（2）10 岁以下组所使用的排球，周长为 64 厘米（±1 厘米），重量为 0.15 千克（±0.01 千克）。

材质

球是圆形的，浅色，由柔软的材料制成，能适应室内外比赛。

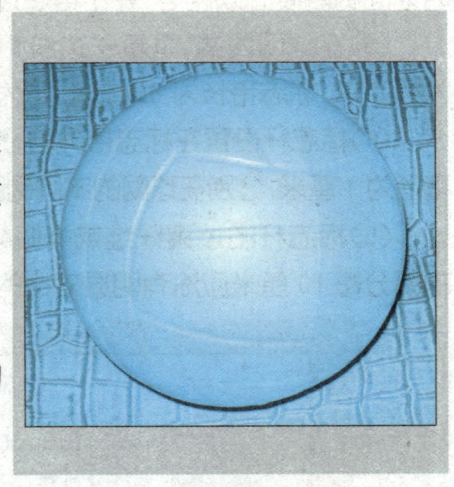

图 1-2-3

装备

在进行软式排球运动时，舒适、合体的装备对练习者有安全保护作用，更有助于其技战术水平的发挥。

 **服装** 见图1-2-4

由于软式排球运动主要是作为休闲娱乐的体育健身项目,对服装没有严格要求,练习者只需穿着简单、舒适的运动服即可,最好穿吸汗、透气性好的棉质运动服。

图1-2-4

 **鞋** 见图1-2-5

鞋需要有柔软的底,因为软式排球和排球一样需要弹跳、跨、跑等动作,鞋底柔软才能很好地保护脚底,同时还能减少起跳后落地时的震动。

图1-2-5

第二章 运动保健

体育运动对增强体质、预防疾病和促进健康具有良好的作用。但是,并非所有人从事相同的运动都会达到同样的效果。对于同一种运动负荷,不同人机体的反应差异是很大的,即使同一个体,在不同时期、不同机能状态下,对同一负荷的反应及效果也是不一样的。因此,对于不同个体,应制定适合其机能需要的运动强度、时间、频率和持续周期。从事体育锻炼一定要讲究科学性,使机体最大限度地获得运动价值,使某些疾病得到有效的防治。

第一节 自我身体评价

自我身体评价是指根据个体的不同情况以及简单的功能评定标准，对锻炼者进行身体评价，并以此为依据，确定具体的锻炼内容。

 适宜人群

体适能是全身适应性的一部分，是人体精神和体力对现代生活的适应能力。为了促进健康，预防疾病，提高生活质量和工作学习效率，几乎所有人都可以追求健康体适能，而且经过简单的评价和测试，均可以成为目标人群，即适宜人群。

健康体适能评价标准

健康体适能是指身体有足够的活力和精力处理日常事务，而不会感到过度疲劳，并且还有足够的精力去享受休闲活动和应对突发事件。

健康体适能是确定锻炼者是否为运动适宜人群的主要依据。目前的评价标准主要包括国民体质测定标准、学生体质测定标准和普通人群体育锻炼标准等。

国民体质测定标准主要包括形态指标、机能指标和素质指标3个部分，各项指标的测定结果均为1～5分，共5个级别。凡各项指标达不到4分或5分者，均应被纳入健身人群。

学生体质测定标准分为优秀、良好、及格和不及格4个级别。优秀水平以下者，均应被纳入健身人群。

普通人群体育锻炼标准分为5个级别，凡达不到4分或5分者，均应被纳入健身人群。

简易运动功能评定

简易运动功能评定的目的在于确定锻炼者有无运动禁忌症或临时运动禁忌的情况，即是否适合参加体育锻炼，以达到防备万一、避免意外事故发生的目的。目前通行的方式为 3 分钟踏台阶测试。

目的

测试锻炼者运动后心率恢复的情况，以评估其心肺功能。

器材 见图 2-1-1

30 厘米高的长凳、节拍器、秒表和时钟。

步骤 见表 2-1-1

（1）节拍器设定为每分钟 96 次，锻炼者依"上上下下"的节拍运动 3 分钟。

（2）锻炼者完成 3 分钟踏台阶后，5 秒钟内开始测量其脉搏，时间为 1 分钟，记录其心率，并依据下表评价其功能水平。

（3）运动后心率越低，证明其心肺功能越好。在运动强度允许的范围内，锻炼者可选择运动强度的较高值来进行运动。

表 2-1-1　3 分钟踏台阶测试评价表

	年龄（岁）	欠佳（次）	尚可（次）	一般（次）	良好（次）	优异（次）
男士	18~25	>115	105~114	98~104	89~97	<88
	26~35	>117	107~116	98~106	89~97	<88
	36~45	>119	112~118	103~111	95~102	<94
	46~55	>122	116~121	104~115	97~103	<96
	56~65	>119	112~118	102~111	98~101	<97
	65+	>120	114~119	103~113	96~102	<95
女士	18~25	>125	117~124	107~116	98~106	<97
	26~35	>128	119~127	111~118	98~110	<97
	36~45	>128	118~127	110~117	102~109	<101
	46~55	>127	121~126	114~120	103~113	<102
	56~65	>128	118~127	112~117	104~111	<103
	65+	>128	122~127	115~121	101~114	<100

注意事项

如锻炼者经过努力仍无法达标，或出现头晕、胸闷、出冷汗等症状，应立即终止测试。运动中应特别考虑运动强度，以防止出现意外。

锻炼目标

锻炼目标应根据锻炼者不同的身体状况来确定，可分为近期目标和远期目标。此外，确定锻炼目标还应结合锻炼者的运动意向、愿望、兴趣，以及本人的健康状况、疾病程度等因素来进行。

近期目标

近期目标是指锻炼者近期应达到的目标。在进行运动之前，应首先明确锻炼目标，即近期目标。选择一两个健康体适能构成要素，作为未来两个月内努力完成的目标，而且应从成功概率较高的构成要素开始，并将预期两个月后要达到的目标做上记号，如提高某个或某些关节的活动幅度，增强某个肌肉群的力量等。

远期目标

远期目标是指锻炼者最终要达到的目标。实践证明，经过科学合理的锻炼后，锻炼者是可以达到一般的远期目标的，如提高心肺功能，使其达到优秀的等级，或达到降血脂、防治高血压和冠心病的目的等。

运动负荷

运动负荷即运动量。怎样控制运动量，合适的运动时间是多少等，一直是人们争论不休的问题。但有一点是可以肯定的，那就是任何有关身体活动的意见和建议，都需要综合考虑锻炼者的身体状况和所要达到的目标，并以此为依据来制订科学的身体锻炼计划。

 运动强度

在运动过程中,运动强度过小,则无法达到锻炼的效果;运动强度过大,不仅达不到最佳的锻炼效果,还可能产生一些副作用,甚至出现意外事故。确定运动强度有两种方法,即心率简易推测法和主观感觉疲劳分级表推测法。

心率简易推测法

(1)年龄在 20 岁左右的年轻人,身体健康,能坚持体育锻炼,欲进一步提高身体机能,可取最大心率值(最大心率值 =220 - 年龄)的 65%~85%。

(2)年龄在 45 岁以下,身体基本健康,有运动习惯者,开始进行健身锻炼,可取最大心率值的 65%~80%,没有运动习惯者,开始进行健身锻炼,可取最大心率值的 60%~75%。

(3)年龄在 45 岁以上,身体基本健康,有运动习惯者,开始进行健身锻炼,可取最大心率值的 60%~75%,没有运动习惯者,建议根据自身情况咨询专业人员来指导和确定运动强度。

主观感觉疲劳分级表推测法   见表 2-1-2

运动的疲劳程度大致分为 10 级,具体为:0~1 级,没感觉;2~3 级,尚轻松;4~5 级,稍累;6~7 级,累;8~9 级,很累;10 级,精疲力竭。因此,健身锻炼的运动强度应控制在主观感觉疲劳程度的 4~7 级。

表 2-1-2   主观感觉疲劳分级表

0 没感觉	.	2 尚轻松	.	4 稍累	.	6 累	.	8 很累	.	10 精疲力竭

运动频率

运动频率是指每日及每周锻炼的次数。一般每周锻炼 3~4 次，即隔日锻炼 1 次即可。有充足的休息时间，可使机体得到充分的休息，收到更好的锻炼效果。

 运动持续时间

运动强度和运动持续时间，决定了一次锻炼的运动量和热量消耗。运动持续时间与运动强度成反比，运动强度大，运动持续时间可相应缩短，运动强度小，则运动持续时间应相应延长。

一般的健身锻炼，运动持续时间以每天 20~60 分钟为宜，其中包括准备活动时间、健身锻炼时间和整理活动时间。每次健身锻炼应在 20 分钟以上，锻炼可一次性完成，也可分段进行，但每段的活动时间应在 10 分钟以上。

第二节 运动价值

运动价值是人们一直在探讨的问题。一般认为，运动具有两方面的价值，即健身价值和心理价值。身体和精神的健康是相互依存的，伴随着身体功能的改善，精神状况也能同时得到改善。

 健身价值

健身价值在于提高体适能。体适能包括心肺耐力素质、肌肉力量素质、柔韧性素质和身体成分等。体适能的发展是积极从事锻炼的结果，只有规律性的体育锻炼才能达到最佳的体适能。

提高心肺耐力素质

心肺耐力是指全身肌肉进行长时间运动的持久能力，是体内心肺系统对身体各细胞的供氧能力。人体的心脏、肺、血管、血液等组织的功能是心肺耐力的基础，它们与氧气和营养物质的输送以及代谢物的清除有关。健全的心肺功能是健康的基本保证。

系统的体育锻炼，可以使心肌增厚，收缩力加强，心室容积增大，从而使心脏的泵血功能增强，表现为心血输出量增加。

系统的体育锻炼，呼吸系统机能也将得到提高，表现为呼吸肌的力量增强，肺活量、肺通气量明显增加，保证对机体供氧的能力。

系统的体育锻炼，可以促进血管系统的形态、机能和调节能力产生良好的适应力，从而提高机体的工作能力。

系统的体育锻炼，可以使血液系统产生某些适应性变化，如血容量增加、血黏度下降、红细胞膜弹性增强和红细胞变形能力增强等。

 ## 提高肌肉力量素质

肌肉力量是指肌肉最大收缩产生的对抗阻力或负荷的能力。肌肉力量只有达到一定的程度，才能克服外界阻力，而克服外界阻力是维持日常生活自理、从事各种劳动和运动的必要前提。

系统的体育锻炼，可以提高肌肉的生理横断面积，可以改善神经系统对肌肉收缩的支配功能，还可以提高肌肉内代谢物质的储备量，使肌肉力量得到提高。

 ## 提高柔韧性素质

柔韧性是指人体各关节的活动幅度，即关节的肌肉、肌腱和韧带等软组织的伸展能力。柔韧性对于保证正常生活质量、维持正常体态、预防损伤发生和减轻损伤程度等方面均起到至关重要的作用。

系统的体育锻炼，还可以延缓因年龄因素而导致的柔韧性下降，预防因缺乏运动而导致的关节结构、周围软组织和膝关节肌肉退化，从而使锻炼者的日常生活、劳动和运动等更加充满活力。

改善身体成分

身体成分是指人体体重中的脂肪组织和去脂组织的重量百分比。身体成分中的脂肪成分增加，肌肉成分必然下降。身体中不具备收缩功能的脂肪组织增加，必然导致身体进行各种活动的能力下降，基础代谢水平降低，肥胖症、冠心病、高血压、糖尿病、高血脂等慢性疾病发病率的提高。因此，身体成分是保证人体健康的重要内容之一。

通过系统的体育锻炼，随着锻炼者体质的增强，热量消耗便随之增加，进而燃烧掉体内多余的脂肪，使身体成分得到改善。而身体成分的改善，又可以减少体重对关节可能带来的不利影响，还可以使肥胖者的心理状况得到改善，增强其自信心，使其逐步建立起健康的生活方式。

心理价值

研究证明，有规律的体育锻炼不但可以使锻炼者增强体质、促进身体健康、预防一些慢性疾病，还可以提高锻炼者的生活满意度和生活质量，对其心理健康产生积极影响。

体育锻炼的心理健康效应主要表现在六个方面：

改善情绪状态

短期效应

研究发现，体育锻炼对人的情绪状态具有显著的短期效应。运动后人们的焦虑、抑郁、紧张和心理紊乱等症状会明显减轻，而精力和愉快程度则明显增强。而且这种情绪的迅速变化，与锻炼者个体的健康状况、活动形式和活动强度等有着直接的联系。

长期效应

体育锻炼对人情绪的长期效应有着直接的影响，与不锻炼者相比，有规律的锻炼者在较长时期内很少会产生焦虑、抑郁、紧张和心理紊乱等情绪。

完善个性行为特征

见表 2-2-1

人们的行为特征一般可以分为两种类型，用 A 型行为特征和 B 型行为特征来表示。A 型行为特征主要表现为性情急躁、争强好胜、容易激动、整天忙碌和做事效率高等。B 型行为特征主要表现为不好竞争、不易紧张、不赶时间、对人随和、喜欢自由自在等。具有 A 型行为特征的人由于过度紧张的情绪反应，会引起内分泌失调，增加心脏病发病的概率。目前的一些研究主要集中在体育锻炼对改变 A 型行为特征的作用方面。研究结果表明，有规律的体育锻炼能明显改变 A 型行为特征。

表 2-2-1　A、B 型个性行为特征常见表现

A 型行为特征者常见表现	B 型行为特征者常见表现
约会从来不迟到	对约会很随便
竞争意识很强	竞争意识不强
别人要讲话时总爱抢先或插话	是别人讲话时很好的听众
总是匆匆忙忙	即使有压力也从不匆忙
等待时缺乏耐心	能够耐心等待
干事时全力以赴	处事漫不经心
同时想干很多事	在一段时间里只干一件事情
讲话喜欢用加强语气，甚至敲桌子	讲话语速缓慢、不慌不忙
做了好事希望能得到别人的认可	只要自己满意即可，不管别人怎么想
吃饭、走路都很快	做事情很慢
不善与人相处	为人随和
容易暴露自己的感情	能控制自己的感情
具有广泛的兴趣	没什么业余爱好
雄心壮志	满足于目前的工作和学习状况

确立良好自我概念

自我概念是指个体对自己身体、思想和情感的主观整体评价，它由许多自我认识组成，包括我是什么人、我主张什么和我喜欢什么等。

坚持体育锻炼，可以使锻炼者体格强健、精力充沛、提高驾驭身体的能力，从而改善对自身的满意程度，确立良好的自我概念。

改变睡眠模式

根据脑电图的显示，人的睡眠可以分为两种状态，即慢波睡眠状态和快波睡眠状态。前者为浅度睡眠状态，后者为深度睡眠状态。一夜之间两种睡眠状态会交替发生4~5次。

有规律的体育锻炼不仅对慢波睡眠有促进作用，而且能缩短入眠的潜伏期，并延长睡眠的时间。

改善认知能力

体育锻炼还能改善人的认知过程，避免反应时间过长、注意力不集中和思维混乱等症状的发生，尤其对老年人的认知能力改善效果更为明显。

增加心理治疗效应

体育锻炼被公认为是一种心理治疗的好方法。目前人群中常见的心理疾患是抑郁症和焦虑症。研究发现，体育锻炼是治疗抑郁症的有效手段之一，抑郁症患者经过有规律的体育锻炼，抑郁症状能明显减轻。

体育锻炼还具有治疗焦虑症的作用，通过有规律的体育锻炼，可以使锻炼者的焦虑症状明显改善。

第三节 运动保护

在运动过程中，人体机能会随时发生变化。因此，应针对这种机能变化的特点来进行体育锻炼，也就是我们所说的运动保护。运动保护一般包括运动前准备、运动后放松和自我养护三个方面。

运动前准备

准备活动是指在正式运动之前进行的有目的的身体练习。做好充分的准备活动，可以缩短机体进入最佳状态的时间，同时还可以预防运动损伤的发生，为机体发挥最大的工作效率做好功能上的准备。

准备活动的作用

提高中枢神经系统兴奋状态

(1)使大脑反应速度加快，参加活动的运动中枢神经相互协调。
(2)为正式运动时生理机能达到适宜程度提前做好准备。

提高机体代谢水平

(1)准备活动可以使锻炼者体温升高，降低肌肉黏滞性，使肌肉的伸展性、柔韧性和弹性增强，从而有效预防运动损伤的发生。
(2)准备活动可以增强体内代谢酶的活性，使物质代谢水平提高，以保证运动时有较充分的能量供应。

克服内脏器官生理惰性

(1)准备活动可以提高心血管系统和呼吸系统的机能水平，使肺通气量及心血输出量增加。
(2)可以使心肌和骨骼肌的毛细血管扩张，使其工作肌获得更多的氧，从而克服内脏器官的生理惰性，使之尽快达到最佳状态。

增加皮肤毛细血管血流量

准备活动可以使皮肤毛细血管的血流量增加，运动后毛细血管扩张，有利于散热，降低体温，有效防止开始正式活动时由于体温过高而影响运动能力。

准备活动要求

准备活动时间

（1）准备活动的时间可以根据运动项目的具体情况确定，一般以10~30分钟为宜。

（2）准备活动与正式运动的间隔时间，一般以不超过15分钟为宜，可以在做完准备活动后立刻进行正式运动。

准备活动强度

（1）准备活动的强度和量应较正式运动小，以免引起不必要的疲劳。

（2）准备活动的量可以由心率来决定，心率以100~120次／分为宜。

准备活动内容

一般性准备活动

一般性准备活动的内容多以伸展运动开始，然后进行一般性的跑步、徒手体操等活动。

下面介绍一套常用的一般性准备活动操，供锻炼者运动前使用。这套活动操主要包括头部运动、肩部运动、扩胸运动、体侧运动、体转运动、髋部运动和踢腿运动等。

图2-3-1

头部运动

头部运动的动作方法（见图 2-3-1）：两手叉腰，两脚左右开立，做头部向前、向后、向左、向右，以及绕环运动。

肩部运动

肩部运动的动作方法（见图 2-3-2）：手扶肩部，屈臂向前、向后绕环，以及直臂绕环。

扩胸运动

扩胸运动的动作方法（见图 2-3-3）：屈臂向后振动及直臂向后振动。

体侧运动

体侧运动的动作方法（见图 2-3-4）：两脚左右开立，一手叉腰，另一臂上举，并随上体向对侧振动。

体转运动

体转运动的动作方法（见图 2-3-5）：两脚左右开立，两臂体前屈，身体向左、向右有节奏地扭转。

髋部运动

髋部运动的动作方法（见图 2-3-6）：两脚左右开立，两手叉腰，髋关节放松，向左、向右 360 度旋转。

图 2-3-2

图 2-3-3

踢腿运动

踢腿运动的动作方法（见图 2-3-7）：两臂上举后振，同时一腿向后半步，重心置于前腿，两臂下摆后振，同时向前上方踢腿。

图 2-3-4

图 2-3-5

图 2-3-6

图 2-3-7

专门性准备活动

专门性准备活动的动作方法、节奏和强度等与正式锻炼相似，目的是使人体主要肌群在运动前得到动员，为正式锻炼做好准备。

运动后放松

运动后放松是指运动之后所进行的一些能够加速机体功能恢复的、较轻松的身体活动。与运动前准备活动相反，其目的是使锻炼者的生理机能水平逐步得到恢复。

放松方法

运动性手段

（1）运动结束后，锻炼者可采用变换运动部位的方法来消除疲劳，如上肢出现疲劳时可做一些慢跑运动，下肢出现疲劳时可做一些上肢运动。

（2）转换运动类型也是一种不错的放松方法，如打羽毛球出现疲劳时，可从事瑜伽运动来达到放松的目的。

（3）还可以用调整运动强度的方法来缓解疲劳，如可以在放松过程中，采用小强度的轻微运动方法等。

整理活动　见图 2-3-8

（1）整理活动是指运动后所做的一些能够加速机体功能恢复的身体活动，如剧烈运动后进行 3~5 分钟慢跑或其他整理活动，使身体机能得以恢复。

（2）剧烈运动后如不做整理活动而骤然停止动作，会影响氧气的补充和静脉血的回流，使机体血压降低，引起不良反应。

图 2-3-8

 注意事项

(1)在进行整理活动时动作应缓慢、放松，运动量不要过大，否则会引起新的疲劳。

(2)在进行整理活动时，应当保持心情舒畅、精神愉快。

锻炼后，锻炼者感觉身体疲劳是一种正常的生理现象，是体育锻炼过程中的正常反应，随着体育锻炼时间的延长，疲劳症状会自然消失。运动性疲劳出现后，锻炼者如果采用一些自我养护措施，可以加速身体机能的恢复，尽快消除疲劳，提高锻炼效果。常见的自我养护方法主要包括运动后休息、合理营养和物理手段等三种。

 运动后休息

静止性休息 见图 2-3-9

(1)静止性休息是指锻炼者运动后保持机体相对的静止状态，以促进身体机能的恢复，尽快消除疲劳。

(2)静止性休息的最佳方式之一是睡眠，特别是刚开始从事锻炼者，身体不适应或疲劳症状明显时，更应该保证足够的睡眠，否则，锻炼者虽然积极参加了体育锻炼，但收效甚微，甚至会导致过度疲劳症状的发生。

（3）静止性休息更适合于消除全身运动导致的整体疲劳症状。

图 2-3-9

积极性休息　见图 2-3-10

（1）积极性休息更适合由于少量肌肉群参与工作而导致的局部疲劳，或运动强度较大而导致的快速疲劳。

（2）积极性休息可以加速血液循环，有利于代谢物排出体外，对促进身体机能的恢复具有明显的效果。

图 2-3-10

合理营养 见图 2-3-11

小强度、长时间的运动形式，主要是靠糖原的有氧代谢提供能量。运动后应及时补充淀粉类食物，如面粉、大米等，以促进消耗糖原的合成。随着人民生活水平的提高，在饮食结构中，肉类食品的比重不断增加，而淀粉类食品的比重逐渐减少，这一现象应当引起人们的注意，特别是老年人参加体育锻炼，更应注意对淀粉类食物的补充。

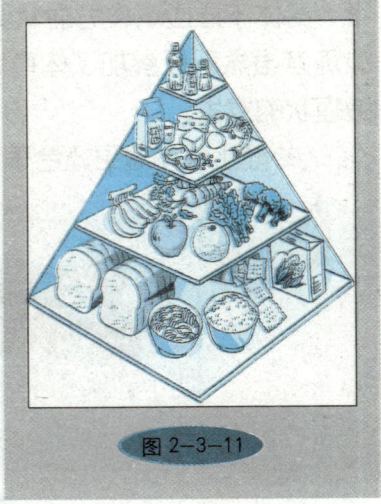

图 2-3-11

强度较大、时间又相对较长的运动形式，主要是靠糖原的无氧代谢提供能量。这样，糖原无氧代谢产物——乳酸便会在体内大量堆积。因此，运动后应多补充蔬菜、水果等碱性食品，以加速乳酸的清除，达到尽快消除疲劳的目的。

物理手段

按摩及牵拉 见图 2-3-12

（1）通过刺激神经末梢、皮肤结缔组织和毛细血管的按摩方法，可以使紧张的肌肉得以放松，从而改善局部组织和全身的血液循环，达到促进身体机能恢复的目的，这种方法可以在锻炼后马上进行。

（2）此外，还可以采取缓慢牵拉肌肉的方法，使收缩的肌肉得到充分的伸展放松。

水疗及电疗

（1）水疗包括芬兰式蒸汽浴、热水浴和桑拿浴等多种形式，主要作用是通过提高体温，促进血液循环，清除代谢物，以达到尽快消除疲劳、恢复体力的目的。

（2）水疗的时间一般以不超过 30 分钟为宜，如果时间过长，会进一步消耗体力，严重时甚至会出现暂时性脑缺血现象。

（3）如果条件允许，还可对疲劳的肌肉进行低频治疗。低频治疗仪的原理是模拟针灸疗法，使用时将电极用不干胶对称地粘贴在运动部位表皮上。这种疗法可以促进局部血液循环，改善组织代谢，缓解肌肉酸痛，消除疲劳。

图 2—3—12

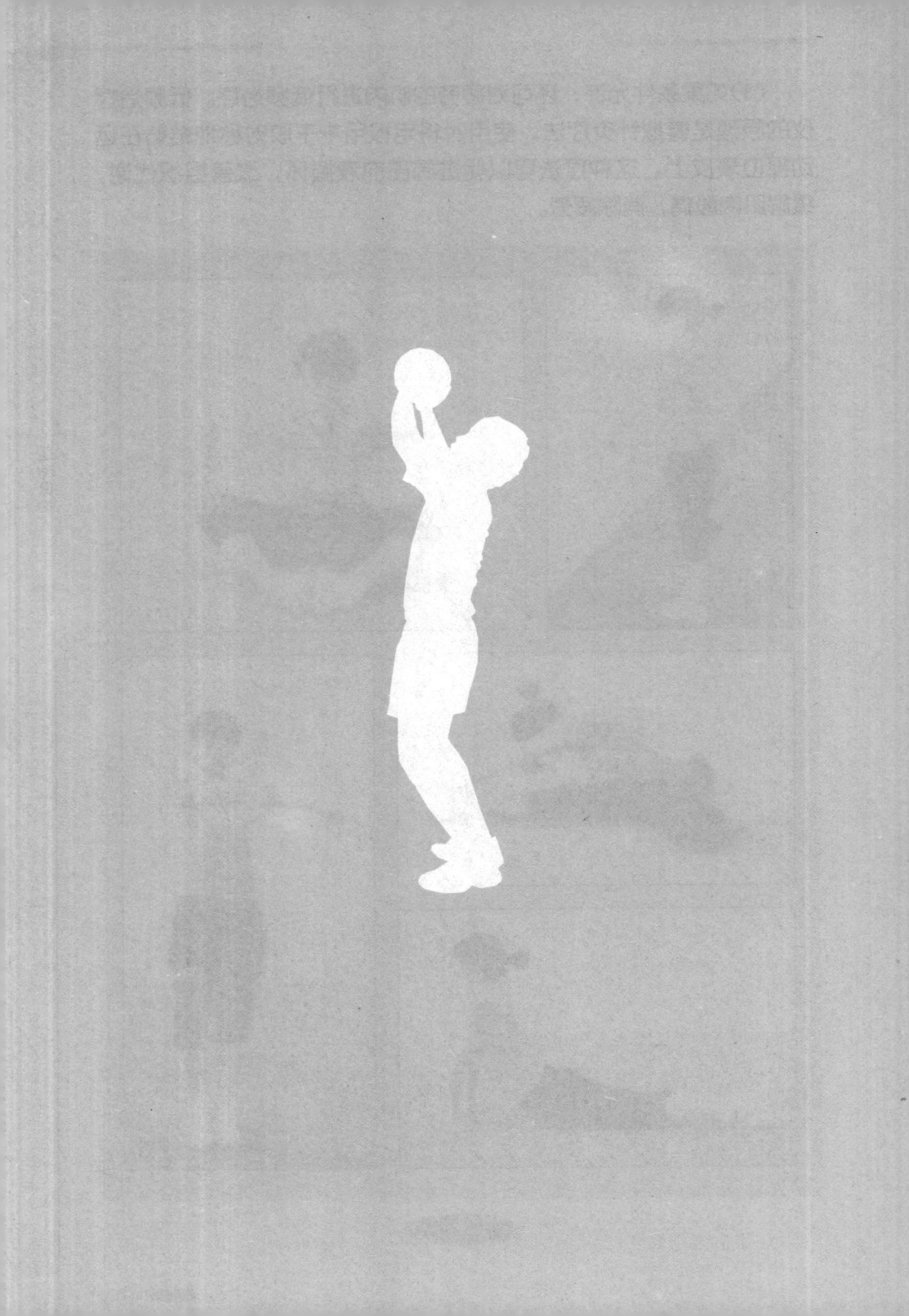

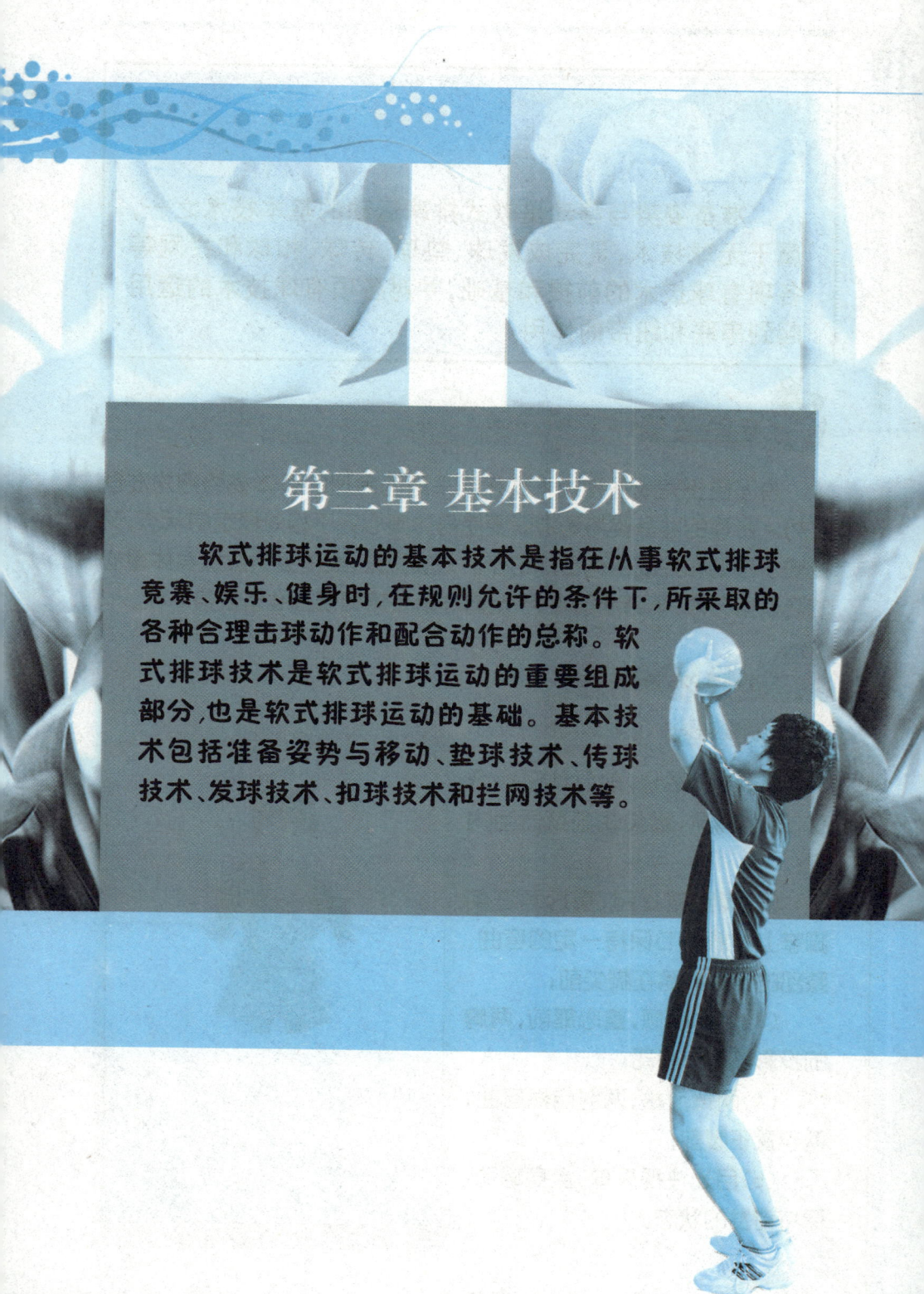

第三章 基本技术

软式排球运动的基本技术是指在从事软式排球竞赛、娱乐、健身时,在规则允许的条件下,所采取的各种合理击球动作和配合动作的总称。软式排球技术是软式排球运动的重要组成部分,也是软式排球运动的基础。基本技术包括准备姿势与移动、垫球技术、传球技术、发球技术、扣球技术和拦网技术等。

第一节 准备姿势与移动

准备姿势与移动是软式排球运动的基本技术之一,属于无球技术,是完成发球、垫球、传球、扣球和拦网等各项有球技术的前提和基础,并对各项有球技术的运用起到串联和纽带的作用。

为了便于完成各种技术动作而采取的合理的身体姿势称为准备姿势。合理的准备姿势是指既要使身体重心处于相对稳定的状态,又要便于移动和完成各种击球动作。一般说来,准备姿势按照身体重心的高低可分为:半蹲准备姿势、略蹲准备姿势和低蹲准备姿势3种。

半蹲准备姿势

 动作方法　见图3-1-1

(1) 两脚略分,前后或平行开立,略比肩宽,脚尖朝前或适当内收;

(2) 脚跟略提起,重心落在前脚掌上,膝关节保持一定的弯曲,膝部的投影线落在脚尖前;

(3) 上体前倾,重心靠前,两肩的投影线超过膝部;

(4) 两臂放松,两肘自然弯曲,两手置于腹前;

(5) 目光注视来球,全身略动,保持待发的状态。

❀ 技术要点

（1）屈膝提踵，以便于向各个方向进行快速蹬地；

（2）含胸收腹，身体前倾，便于接较低的来球；

（3）两臂屈曲，手置腹前，利于伸臂接各种弧度和不同方向的来球；

（4）两膝、两脚保持微动，可以使神经系统处于良好的兴奋状态，便于肌肉快速收缩，完成起动。

❀ 错误纠正

练习时易出现有意提脚跟、重心不稳、全脚着落地、弯腰直腿、臀部后坐等问题。因此，应全身放松，重心靠前，做到肩垂线超过膝关节、膝垂线超过脚尖，并多做屈膝练习，体会动作要领。

图 3-1-1

❀ 伤害预防

为减少肌肉酸痛，以及对腰部、膝关节、踝关节的伤害，在做准备姿势的练习时，应在运动前做好充分的准备活动，思想上重视，注意力集中，动作用力到位，加强下肢的力量练习。

▼ 略蹲准备姿势

❀ 动作方法　见图 3-1-2

（1）两脚前后或平行开立，两脚间距略比肩宽，脚尖朝前或适当内收，脚跟略抬起；

（2）膝关节保持一定的屈曲，身体重心略低、靠前；

（3）两臂放松，肘关节自然下垂，两手略屈，置于腹前；

（4）两眼注视前方来球处，两脚微动，全身处于待发状态。

技术要点

身体重心比半蹲姿势略高,两膝及两臂弯曲程度较小,两手比半蹲姿势靠近身体,其他技术要点与半蹲准备姿势相同。

错误纠正

练习时易出现动作僵硬、全脚掌着地、直腿弯腰、刻意抬脚跟、重心不稳等问题。因此,应两人一组,互相纠正练习,体会动作要领。

伤害预防

为减少肌肉酸痛,以及对腰部、膝关节、踝关节的伤害,在做准备姿势的练习时,应在运动前做好充分的准备活动,思想上重视,注意力集中,动作用力到位,加强下肢的力量练习。

图 3-1-2

低蹲准备姿势

动作方法 见图 3-1-3

(1)与半蹲姿势相比,两脚左右站立的距离要宽;

(2)身体重心更靠前,身体重量落在两脚前脚掌上,两膝弯曲程度较大;

(3)上体前倾,膝部前移,使两肩与地面的投影超出膝部,膝部的投影落在脚尖前;

(4)两臂置于腰腹前方,比半蹲姿势略前伸。

技术要点

（1）屈膝提踵，含胸收腹，微动；

（2）主要用于接快速、有力的来球，这种姿势便于短距离快速移动和做倒地动作，以便扩大防守面积。

错误纠正

练习时易出现全身动作僵硬、两脚站死、全脚掌着地、臀部后坐、直腿弯腰等问题。因此，应全身放松，做到肩部垂线超过膝关节，膝部垂线超过脚尖，接球后再向前移动，并做一些低姿移动练习，体会动作要领。

伤害预防

为减少肌肉酸痛，以及对腰部、膝关节和踝关节的伤害，在做准备姿势的练习时，应在运动前做好充分的准备活动，思想上重视，注意力集中，动作用力到位，加强下肢的力量练习。

图 3-1-3

 移动

从起动到制动的过程称为移动。移动是一个"平衡—不平衡—平衡"的发展过程。通过移动，队员可以及时地接近球，保持人与球的位置关系，以便击球。移动技术包括起动、移动步法和制动等。

 起动

动作方法　见图 3-1-4

在准备姿势的基础上，迅速抬腿收腹，使身体重心倾向移动方向，

同时移动方向的（交叉步移动除外）异侧腿迅速蹬地，使整个身体迅速向来球方向起动。

❀ 技术要点

（1）身体应向来球的方向起动，身体前倾，重心降低，使后脚蹬地角度减小，增大后蹬水平分力，达到加速起动的目的；

（2）起动时主要用力在于蹬地腿的爆发力，爆发力越大，起动速度越快。

❀ 错误纠正

练习时易出现起动速度慢、缺乏判断等问题。因此，应增加腰腹力量和腿部力量，做各种姿势的起动辅助练习，含胸收腹，身体前倾，两膝投影线超过脚尖。

❀ 伤害预防

为避免蹬地腿部的肌肉拉伤，以及对腰部、膝关节和踝关节的伤害，练习时，应充分做好运动前的准备活动，加强下肢力量练习，可与专项技术相结合。

图 3-1-4

▼ 移动步法

并步与滑步

❀ 动作方法　见图 3-1-5

（1）当来球距身体一步远时可采用并步移动，近球一侧的脚向来球方向跨出一步，另一侧脚用力蹬地，迅速跟上，做好接球的准备姿势；

（2）当来球与身体的距离较远，用并步无法接近来球时，可采用连续并步，即滑步。

技术要点

并步有利于保持身体平衡，快速制动，便于做击球动作，可向前、后、左、右各方向移动，主要用于传球、垫球和拦网。

错误纠正

做并步、滑步时易出现起动慢，移动时身体起伏过大，向球的一侧跨步较小或较大，身体控制不好等问题。因此，应结合视觉信号，多做起动练习和短距离的各种抛接球练习，以及穿越网下的移动训练，体会动作要领。

伤害预防

为减少对膝关节、踝关节和肌肉组织的伤害，做并步与滑步练习时，应做好充分的准备活动，加强移动技术的练习，体会动作要领，加强对身体力量的训练。

交叉步

动作方法　见图3-1-6

当来球在体侧3米左右时，可采用交叉步，如向右移动采用交叉步时，身体略向右转，左脚从右脚前向右交叉迈一大步，然后右脚再向右跨出一大步，同时身体转向来球方向，呈接球前的准备姿势。

技术要点

（1）交叉步伐要大，重心要低而稳，身体和右脚尖的转向要一致，便于左脚交叉和右脚的蹬地发力；

图3-1-5

（2）交叉步动作快且制动强，主要用于二传、拦网和防守。

错误纠正

练习时易出现起动慢、移动步子过大或过小、移动时身体起伏过大等问题。因此，应结合视觉信号，多做起动练习和短距离的各种抛接球练习，以及穿越网下的移动训练，体会动作要领。

伤害预防

为减少对膝关节、踝关节和肌肉组织的伤害，做交叉步练习时，应做好充分的准备活动，加强移动技术练习，体会动作要领，并加强对身体力量的训练。

图 3–1–6

跑步

动作方法　见图 3-1-7

当来球距离身体较远时可采用跑步，移动时两臂要配合摆动，不宜过早做击球准备，边跑步边看球。

技术要点

（1）起跑步频要快，步幅由小到大，注意回头看球；

（2）跑步的特点是速度快，但制动较困难，需要 2～3 步的减速后方可制动，主要用于追击距离比较远的球。

错误纠正

练习时易出现起动慢、移动步子过大或过小、移动时身体起伏过大等问题。因此，应结合视觉信号，多做起动练习和短距离的各种抛接球练习，以及穿越网下的移动训练，体会动作要领。

伤害预防

为减少对膝关节、踝关节和肌肉组织的伤害，做跑步练习时，应做好充分的准备活动，加强移动技术练习，体会动作要领，并加强对身体力量的训练。

图 3-1-7

跨步与跨跳步

动作方法 见图 3-1-8

（1）当来球较低，距身体 2 米左右时，可采用跨步和跨跳步。采用跨步时，如果向前移动，则后脚用力蹬地，前脚向前跨出一大步，膝关节弯曲，上体前倾，身体重心落在前脚上；

（2）跨跳步可在球距离身体较远，用跨步不能接近球时采用，其动作方法与跨步基本相同，只是在蹬地后，两脚有同时腾空过程；

（3）跨步和跨跳步也可用于向侧及斜前方移动。

技术要点

蹬地有力，跨步要大，身体前倾，重心要低。

错误纠正

练习时易出现起动慢、移动步子过大或过小、移动时身体起伏过大等问题。因此，应结合视觉信号，多做起动练习和短距离的各种抛接球练习，以及穿越网下的移动训练，体会动作要领。

伤害预防

为减少对膝关节、踝关节和肌肉组织的伤害，做跨步与跨跳步练习时，应做好充分的准备活动，加强移动技术练习，体会动作要领，并加强对身体力量的训练。

图 3-1-8

制动

　　制动和起动是完全相反的两个过程,其实质是恢复身体平衡。当移动后跨出一大步,跨出脚给地面以蹬力,地面支撑反作用力的水平分力和身体重心移动方向相反,从而使身体重心移动速度减小,起到制动作用。移动后身体重心后移和降低,有利于减小蹬地角,加大制动的水平分力。制动包括一步制动和两步制动等。

一步制动

动作方法　见图 3-1-9

　　移动后跨出一大步,同时降低重心,全脚掌着地,以抵抗身体继续移动的惯性,利用腰腹力量控制上体,使身体重心停留在两脚所构成的支撑面以内。

技术要点

（1）跨步距离要大,身体重心要低;

（2）多在短距离移动后,速度较慢、冲力较小时采用。

错误纠正

　　练习时易出现跨步较小、重心较高、控制不好身体等问题。因此,应加大制动步伐,用全脚掌着地制动,用重心下降、上体后仰来减小支撑反作用力与地面的夹角。

伤害预防

为减少腿部肌肉韧带拉伤,以及对膝关节和踝关节的伤害,练习时应充分做好准备活动,加强身体力量、柔韧性、协调性练习。练习要循序渐进。

图 3-1-9

两步制动

动作方法 见图3-1-10

两步制动时以倒数第二步作第一次制动,紧接着跨出最后一步。同时,身体后倾,两膝屈曲,重心下降,用脚内侧蹬地,以抵抗移动的惯性,使身体处于有利于做下一个动作的状态。

技术要点

(1)两步制动时跨出最后一步后,身体重心后移并降低,有利于减小蹬地角,加大制动的水平分力;

(2)两步制动主要在快速移动之后,冲力较大时运用。

错误纠正

制动时易出现跨步步幅较小、不是全脚掌着地、身体控制不住触网等问题。因此,应加大制动步伐,强调用全脚掌着地制动,用重心下降、上体后仰来减小支撑反作用力与地面夹角。

伤害预防

为减少腿部肌肉韧带拉伤,以及对膝关节和踝关节的伤害,练习时应充分做好准备活动,加强身体力量、柔韧性、协调性练习。练习要循序渐进。

图3-1-10

第二节 垫球技术

通过手臂或身体其他部位的迎击动作,使来球从垫击面上反弹出去的击球动作,称为垫球。垫球技术是软式排球运动的基本技术之一。垫球技术较简单易学,但由于软式排球球体较软,垫球时难于控制,准确性相对较差。垫球技术包括垫球手形、正面双手垫球技术、侧面双手垫球技术和背向双手垫球技术等。

垫球手形包括抱拳式、叠掌式和互靠式,可根据个人习惯灵活选择。

 抱拳式

动作方法 见图3-2-1

(1)两拇指平行向前,两手抱拳互握;

(2)前臂外旋紧靠,手腕下压,使前臂形成一个垫击平面。

技术要点

手臂放松,动作到位。

错误纠正

练习时易出现手臂僵硬、手形错误等问题。因此,应多加练习,体会动作要领。

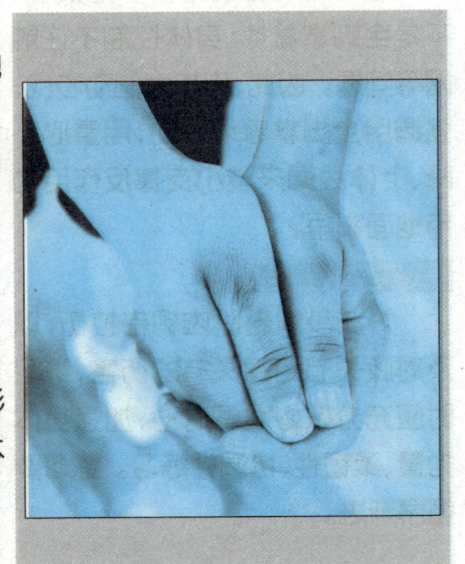

图3-2-1

叠掌式

动作方法 见图 3-2-2

（1）两手掌根相靠，手指重叠互握；

（2）两拇指平行前伸，手腕自然下压。

技术要点

手臂放松，动作到位。

错误纠正

练习时易出现手臂僵硬、手形错误等问题。因此，应多加练习，体会动作要领。

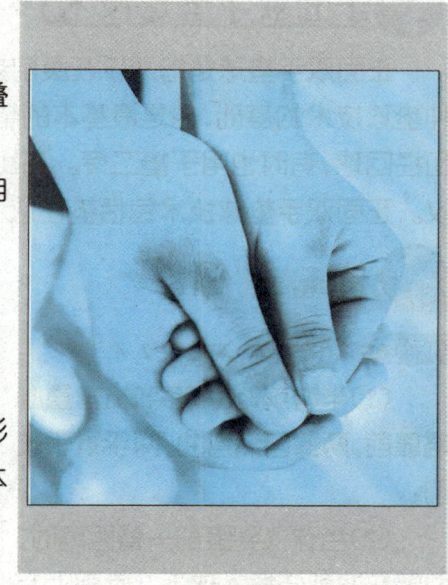

图 3-2-2

互靠式

动作方法 见图 3-2-3

（1）两臂自然放松，腕部靠紧；

（2）前臂外旋紧靠，手腕下压。

技术要点

手臂放松，动作到位。

错误纠正

练习时易出现手臂僵硬、手形错误等问题。因此，应多加练习，体会动作要领。

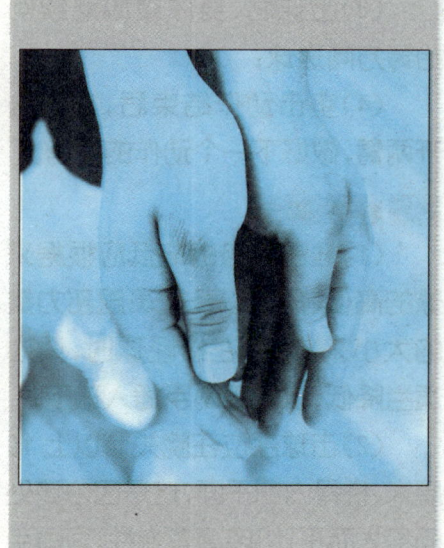

图 3-2-3

正面双手垫球技术

正面双手垫球是指两手在腹前垫击来球的一种垫球方法。它是各种垫球技术的基础，也是最基本的垫球方法，适用于接各种发球、扣球和拦回球，有时也用于垫二传。在比赛遇到困难时也可以用来组织进攻。正面双手垫球技术包括垫轻球、垫中等力量球和垫重球等。

垫轻球

动作方法 见图3-2-4

（1）半蹲或略蹲姿势站立，重心略靠前，两臂自然弯曲，两手置于腹前；

（2）当球飞到腹前一臂距离时，两臂快速前伸插入球下，向前上方蹬地，抬臂击球，身体重心随着击球动作向前上方移动；

（3）击球后，身体重心继续向抬臂方向送球；

（4）垫击动作结束后，立即松开两臂，做好下一个动作的准备。

技术要点

（1）准备姿势的高低应根据来球的高低、角度以及队员腿部力量的大小来决定，在接轻球时，重心适当降低，以便于两手插入球下；

（2）击球部位在腕关节以上10厘米、桡骨内侧平面，这是因为该处面积大而平，肌肉富有弹性，可适当缓冲来球力量，起球比较稳、准；

(3)击球点保持在腹前一臂距离,便于控制用力大小,调整手臂击球角度和控制球的落点及方向;

(4)垫轻球时,主要靠手臂上抬力量,以增加反弹力,如果需要把球垫得较高、较远,则要在适当加大抬臂动作的同时,还要靠蹬地、跟腰、提肩动作的协调配合。

错误纠正

垫球时易出现手臂触球部位不正确、屈肘,弯腰不弯腿,手臂与身体的夹角过小,击球动作不协调等问题。因此,应强调身体的协调用力,可以加强固定球的练习,体会击球的部位及协调发力的动作要领。

伤害预防

为减少前臂触球部位的肿痛,以及对腰、肩、肘、踝等部位的伤害,做垫球练习时,应在运动前做好充足的准备活动,加强身体力量练习。

图3-2-4

垫中等力量球

动作方法 见图3-2-5

(1)准备姿势同垫轻球;

(2)由于来球有一定力量,手臂迎击球的速度要变慢,手臂适当放松,主要靠来球的反弹力将球垫起,手臂要有缓冲的动作;

(3)击球时,运用蹬地、跟腰、提肩、压腕、向前抬臂的动作击球的后下部。

045

技术要点

（1）由于软式排球的弹性较差，练习垫球时，应强调蹬腿、跟腰的动作，抬臂动作也应比垫室内排球略大；

（2）软式排球的飞行速度较慢，身体重心不应太低，以免影响移动速度，对许多来球可移动后将球击起；

（3）接来球时，要主动迎球，不可被动等球，软式排球长距离飞行后，有时会突然下沉，判断时注意其落点，可能比室内排球偏前。

错误纠正

垫球时易出现手臂触球部位不正确、击球动作不协调、击球前后有屈肘弯臂动作等问题。因此，应多做垫固定球练习，体会用力和协调发力垫球的动作要领。

伤害预防

为减少前臂触球部位的肿痛，以及对腰、肩、肘、踝等部位的伤害，在做垫球练习时，应在运动前做好充足的准备活动，加强身体力量的练习。

图 3—2—5

▼ 垫重球

✿ **动作方法**　见图 3—2—6

（1）根据来球的高低和角度，采用半蹲或低蹲的姿势准备，两臂放松，置于腹前；

（2）击球用力时，含胸、收腹，帮助手臂随球后撤，并适当放松肌肉，以缓冲来球力量；

（3）同时，用微小的手臂和手腕动作来控制垫球的方向和角度，击球的手形和部位，应根据来球的情况而定；

（4）当击球点过高并靠近身体时，用前臂垫球，当击球点低而距身体较远时，屈肘、翘腕，把球垫在手腕部位的虎口处。

✿ **技术要点**

（1）判断要准确，看准来球；

（2）接快速有力的发球时，应提前适当降低重心，可采取跪垫球方式，将球缓冲送出；

（3）击球动作要放松，以缓冲来球力量。

✿ **错误纠正**

垫球时易出现手臂触球部位不正确、接发球用力不当、击球动作不协调等问题。因此，应多做垫固定球练习，体会用力和协调发力，

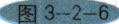 图 3—2—6

垫球时配合蹬地、跟腰动作,使重心向前上方移动,手臂适当缓冲。

伤害预防

为减少前臂触球部位的肿痛,以及对腰、肩、肘、踝等部位的伤害,做垫球练习时,应在运动前做好充足的准备活动,加强身体力量练习。

侧面双手垫球技术

软式排球接发球或防守垫球时,如果身体来不及移动到正对来球的位置,则垫球击球点在体侧,称为体侧垫球。体侧垫球的特点是伸臂动作快、控制范围大,但不易控制垫球方向,准备性不及正面垫球。

动作方法　见图3-2-7

(1)当球由左侧飞来时,先以右脚前脚掌内侧蹬地,左脚向左跨一步,右膝弯曲,重心移至右脚,同时两臂夹紧向左侧伸出,右臂高于左臂,右肩略向下倾斜;

(2)击球时,向右转体,收腹,配合两臂在身体左侧拦住来球的飞行路线,用两前臂垫击球的后下部。

技术要点

(1)垫击来球时,将手臂伸直送出,切忌随球摆臂;

(2)由于体侧垫球不易控制垫球的方向,稳定性较差,因此在来得及的情况下,应尽量采用正面垫球。

错误纠正

练习时易出现两臂水平移动,未能形成立体面截住来球,击球送臂和下肢蹬地动作不协调等问题。因此,应两人一组,一抛一垫,反复练习左、右两个方向的体侧垫球,体会动作要领。

伤害预防

为减少前臂触球部位的肿痛,以及对腰、肩、肘、踝等部位的伤害,在做体侧垫球练习时,应在运动前做好充足的准备活动,加强身体力量的练习。

图 3-2-7

垫球技术

背向双手垫球技术

背对出球方向的垫球方法称为背向双手垫球,简称为"背垫"。背垫大多用于接应同伴垫飞的球或将球处理过网。在接应同伴起球后,球飞得较远又无法正面接球,以及须将球处理过网时运用较多。

动作方法 见图3-2-8

(1)判断来球落点,快速移动到来球的落点处,背对击球方向,两臂夹紧伸直,击球点高于肩,抬头挺胸,展腹后仰;

(2)击球时,用蹬地带动两臂直臂向后上方摆动,前臂向后上方抬送,将球击出。

技术要点

(1)背对目标肩上击球,方向要准确;

(2)两臂夹紧伸直,插到球下,抬头挺胸,展腹后仰,使击球的力量向后上方。

错误纠正

击球时易出现低头弓背、摆臂方向不正确等问题。因此,应反复练习背向高远球垫球技术,体会动作要领。

伤害预防

为减少前臂触球部位的肿痛,以及对腰、肩、肘、踝等部位的伤害,做背垫练习时,应在运动前做好充足的准备活动,加强身体力量练习。

图3-2-8

第三节 传球技术

传球技术是指用两手(或单手)在额前上方,利用蹬腿、伸臂协同一致的动作,以及手指、手腕的弹击力完成击球动作。由于传球动作是由手指、手腕来完成的,动作灵活,感觉灵敏,两手控球面积较大,因而传球的准确性较高。按传球技术包括正面传球技术、背传球技术、侧传球技术和跳传球技术等。

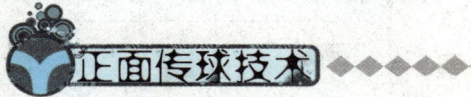

正面传球是指面对出球方向的传球动作,是最基本的传球方法,也是其他一切传球技术的基础。

动作方法 见图3-3-1

(1)采用略蹲准备姿势,上体略挺起,仰头注视来球,两臂屈肘,两手自然抬起,置于额头上方;

(2)当判断来球下降至额前上方的一球距离时,蹬地、伸膝、伸臂,两手向前上方迎击来球,击球点在额前上方约一球距离处;

(3)触球时,两臂屈曲,两肘适当分开,两手自然张开,呈半球状,手腕略后仰,以拇指内侧、食指全部、中指的二三指节触球的后下部,无名指和小指在球两侧辅助控制球的方向,两拇指相对,接近"一"字形或形成"八"字形,两手间距以不漏球为宜;

(4)传球时,手指、手腕保持适度紧张,配合蹬地、伸膝、伸臂,将球轻柔地传出。

技术要点

(1)十指要适当张开,托球的下部1/4处,不宜包球过多;

(2)因软式排球易变形,来球的速度和力量在触手时已被缓冲,手指、手腕必须保持适度紧张,尤其是传远距离球时;

(3)传球时全身要协调,整体发力,用力顺序为伸腿、蹬地、展腰、伸肘,手指、手腕借助来球的冲击力将球传出。

错误纠正

练习时易出现拇指朝前、击球点过高过后或过低过前、用力不协调、传球时无伸臂送手腕动作等问题。因此,应多练习自传球和对墙传球,体会传球的协调用力。

伤害预防

为减少手指挫伤和颈椎酸痛的发生,应提前做好充足的准备活动,尤其是手指、手腕环节,两拇指切忌向前伸,上、下肢协调用力。

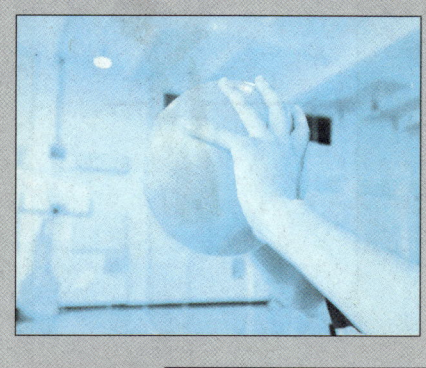

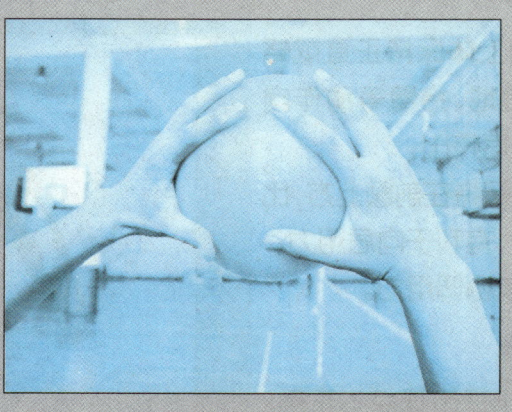

图 3-3-1

传球技术

背传球技术

背传球是指向后背方向传球，也称为背向传球。背传球是传球技术中的一种基本方法，在比赛中运用较多。

动作方法　见图3-3-2

（1）背对传球出手方向，重心在两脚中间，两手自然抬起，置于面前；

（2）抬上臂，挺胸，上体后屈，击球点在面部上方，比正面传球略偏后；

（3）触球时手腕略后仰，掌心向上，拇指托在球下，击球的下部；

（4）利用蹬腿、展腹、抬臂、伸肘和手指、手腕的弹力，把球向后上方传出。

技术要点

（1）传球前上体保持正直或略后仰，有利于蹬地、抬臂等动作向后用力，使球向后传出；

（2）击球点保持在前额上方，比正传略高、略后，有利于向后用力；

（3）上、下肢协调用力。

错误纠正

练习时易出现击球点不正确、用力不协调、身体不会后仰等问

题。因此,应强调击球点宁前勿后,可多做自抛向后传球和弧度高低结合的自传球练习,体会动作要领。

🌟 伤害预防

为了减少手指挫伤、颈椎酸痛、腰腹损伤等伤害,做背传球练习时,应提前做好充足的准备活动,尤其是手指、手腕环节,上、下肢协调用力。

图 3-3-2

侧传球技术

身体侧对传球目标,在不转动身体的情况下,靠两臂向侧面传球的动作称为侧向传球,简称为侧传球。

🌟 动作方法 　见图 3-3-3

(1)准备姿势、迎球动作与正面传球相同;

(2)击球点应偏向传出方向一侧,上体和手臂向传球方向伸展,传球方向异侧手臂的动作幅度、用力距离和动作速度要大于同侧手臂。

🌟 技术要点

全身协调用力,控制身体重心。

🌟 错误纠正

侧传球时易出现手形不正确,使球旋转,上体侧屈不够等问题。因此,应多做各种步法移动的后接传球,保持在面前接住球,提高预判、选位能力。

伤害预防

为减少手指挫伤、颈椎酸痛、腰腹损伤等伤害,应提前做好充足的准备活动,尤其是手指、手腕环节,上、下肢协调用力,加强手指力量练习。

基本技术

图 3-3-3

跳传球技术

跳起在空中传球称为跳传球。跳传球时应注意掌握好起跳时间,垂直起跳。

动作方法 见图 3-3-4

(1)起跳时,两臂向上摆动,顺势置于脸前;
(2)当身体上升到最高点时,靠伸臂动作和手指、手腕的弹力将球传出。

技术要点

(1)跳传球的关键在于上肢的力量及肩、肘、腕部的屈伸程度;
(2)要在身体下降前将球传出。

错误纠正

跳传球时易出现不能保持垂直起跳,起跳时机不好,肩、肘、腕部的屈伸程度不够等问题。因此,应多做各种步法的起跳练习,提高预判、选位能力。

伤害预防

为减少手指挫伤、颈椎酸痛、腰腹损伤等伤害,应提前做好充足的准备活动,尤其是手指、手腕环节,上下肢协调用力,加强手指力量练习。

图 3-3-4

第四节 发球技术

发球技术是指队员在发球区内抛球,用一只手将球击入对方场区的一种击球方法。发球技术是软式排球技术中唯一不受他人制约的技术,包括侧面下手发球技术、正面下手发球技术、正面上手发球技术、正面上手发飘球技术和勾手发飘球技术等。

侧面下手发球技术

侧面下手发球是指发球队员侧对网站立,以转体带动手臂,由体侧后下方向前挥动,在体前腹部高度击球过网的发球方法。这种发球动作较简单,容易掌握,可以借用转体力量击球,便于用力,适合女子初学者。

动作方法 见图 3-4-1

(1)左肩对网,两脚自然开立,约与肩同宽,两膝略屈,上体略前

倾,重心落在两脚之间,左手持球至腹前;

（2）左手将球垂直上抛在身体正前方,距胸前约一臂距离,球离手高度约一个半球,在抛球的同时,击球手摆至右侧后下方;

（3）利用右脚蹬地向左转体的力量,带动右臂向前上方摆动,在腹前用全掌、虎口或掌根击球后下方,击球后身体转向球网,并顺势进场。

技术要点

（1）抛球高度适宜,击球手臂伸直,击球后身体有随前动作;

（2）抛球要稳,击球要准,控球力量要适中;

（3）蹬地转体带动手臂挥动,击球点位置不宜超过肩部高度。

错误纠正

练习时易出现准备姿势太高、抛球不稳、抛球与摆臂击球动作不协调、击球不准等问题。因此,应反复练习抛球动作,结合抛球做摆臂练习,体会动作要领。

伤害预防

为减少腰部拉伤、手部损伤等伤害,应提前做好充分的准备活动,加强腰腹肌力量练习。

图 3-4-1

正面下手发球技术

正面下手发球是指发球队员正面对网，手臂由后下方向前摆动，在腹前将球击入对方场区的一种发球方法。特点是发球比较稳定，球路较好控制。

动作方法 见图 3-4-2

（1）面对球网，两脚自然站立，左脚在前（以右手击球为例），两膝略屈，重心落在后腿上，左手持球于腹前；

（2）左手将球轻轻抛起于体前右侧，高 20～30 厘米；

（3）抛球的同时，右臂伸直，以肩关节为轴向后摆动，借助右脚用力蹬地的力量，身体重心随右手向前摆动而移至前脚，在腹前以掌根或虎口击球的后下部；

（4）击球时，手指、手腕适度紧张，击球后随即入场。

技术要点

（1）将球平稳地抛起（不旋转），每次抛起的高度和距离都应基本固定；

（2）发球的挥臂速度要略快一些，有利于增加击球的力量；

（3）击球手臂伸直，击球后身体有随前动作。

错误纠正

练习时易出现抛球不稳、挥臂动作不固定、击球部位不准、用力不协调等问题。因此,应做徒手模拟练习,反复进行中距离的对墙发球,体会动作要领。

伤害预防

为减少上臂肌肉损伤,以及对肩关节、肘关节、膝关节和腰部的伤害,应做好充分的准备活动,并加强肩关节韧带练习,增强下肢力量和腰部力量。

图 3-4-2

正面上手发球技术

正面上手发球是指发球队员面对球网站立，利用收腹转体动作，带动手臂加速挥舞，在头的右上方用手击球过网的发球方法。这种发球击球点高，可以充分利用胸腹和上体的爆发力，加之运用手的推压动作使球呈上旋飞行，不易出界。因此，它具有较大的攻击性和准确性。

动作方法 见图 3-4-3

（1）面对球网，两脚自然站立，左脚在前，左手托球于体前；

（2）左手将球抛于右手的前上方，高度适中，同时右手抬起，屈肘后引，肘与肩平，上体略向右侧转动，抬头、挺胸、展腹，手掌自然张开；

（3）右脚蹬地，使上体左转，同时收腹，带动手臂向弧形前上方迅速挥动，在右肩前上方伸直手臂的最高点处，用全掌击球的中后部；

（4）击球时，手指和手掌要张开与球吻合，手腕迅速做推压动作，使击出的球呈上旋飞行；

（5）击球后，随着重心的前移，迅速入场。

基本技术

❀ 技术要点

（1）手托球上抛高约1米，同时抬臂向右转体；

（2）全掌击球中下部，手腕推压要积极。

❀ 错误纠正

练习时易出现抛球偏前或偏后、挥臂未呈弧形、全手掌未包满球、无推压动作等问题。因此，应进行固定目标抛球练习和弧形挥动手臂练习，体会动作要领。

❀ 伤害预防

为减少上臂肌肉损伤，以及对肩关节、肘关节、膝关节和腰部的伤害，应做好充分的准备活动，并加强肩关节韧带练习，加强下肢力量及腰部力量。

图 3-4-3

正面上手发飘球技术

正面上手发飘球是指采用近似正面上手发球的形式，击球力量通过球体重心，使发出的球不旋转、不规则地飘晃飞行的一种发球方法。这种发球可以使接发球的队员较难判断其飞行路线和落点。由于发球队员是面对球网站立，便于观察情况和瞄准目标，攻击性和准确性较高，在各种水平的比赛中被广泛采用。

 动作方法 见图3-4-4

（1）准备姿势近似正面上手发球，但左手持球的位置较高，约在

胸前,可以站在靠近端线处,也可站在离端线8米左右处;

(2)左手将球平稳地抛在右肩前上方,高度略低于正面上手发球,并略靠前些,在抛球的同时,右臂上举后引,肘部适当弯曲,高于肩部,目视击球部位;

(3)击球前手臂自后向前做直线运动,击球时五指并拢,手腕略向后仰,用掌根平击球的中下部,使作用力通过球体重心;

(4)击球结束,手臂要有突停动作。

技术要点

击球用力要快速,击球面积要小,触球瞬间,手指、手腕要紧张,不加推压动作。

错误纠正

练习时易出现抛球时高时低、挥臂未呈直线、击球不准、力量没通过球体重心、抛球与挥臂动作脱节等问题。因此,应多做直线挥臂和对墙击固定球练习,体会动作要领。

伤害预防

为减少上臂肌肉损伤,以及对肩关节、肘关节、膝关节和腰部的伤害,应做好充分的准备活动,并加强肩关节韧带练习,增强下肢力量和腰部力量。

图 3-4-4

勾手发飘球技术

勾手发飘球采用侧面对网站立，能充分利用腰部和腹部的力量，带动手臂挥击。这种发球方法较为省力，肩关节的负担也较小，因而适用于远距离发球和女队员。

🌀 动作方法　见图 3-4-5

（1）身体侧对球网，两脚左右自然开立，左手持球于胸前；

（2）左手将球平稳抛在左肩的前上方，抛球的高度约为一臂左右，在抛球的同时，两腿弯曲，上体随势向右倾斜，并略向右转动，右臂随之向下、向右后方摆动，身体重心随之移向右腿；

（3）击球时，利用右脚的蹬地、转体带动手臂挥动，身体重心移向左腿；手臂挥动时肘关节伸直，在右肩的前上方击球；

（4）击球后手臂有骤停或下拖动作，随即进入场地。

🌀 技术要点

（1）发球时动作要连贯，以免破坏动作节奏，失去腰部和腹部的发力作用；

（2）手臂的挥动应以肩关节为轴，挥动时形成的平面应与地面垂直，可加大手臂的旋转半径，提高击球点，增加手臂的挥击速度；

（3）击球前手臂的挥击路线必须保持直线运动，并突然加速，用掌根击球的后中下部，击球瞬间手腕保持紧张，手形固定不变。

错误纠正

发球时易出现抛球方向不正确，挥臂不直，击球不准，力量没通过球体重心，抛球与转体、挥臂动作脱节等问题。因此，应多做转体直线挥臂或对墙击固定球练习，体会动作要领。

伤害预防

为减少上臂肌肉损伤，以及对肩关节、肘关节、膝关节和腰部的伤害，应做好充分的准备活动，并加强肩关节韧带练习，增强下肢力量和腰部力量。

图 3-4-5

第五节 扣球技术

扣球技术是指队员跳起，在本方上空将球从网上击入对方场区的一种击球动作。它是软式排球中攻击性最强的技术，扣球技术水平的高低是决定比赛胜负的关键。可以说，扣球技术是最积极、最有效的进攻武器，也是得分的主要手段。扣球技术包括正面扣球技术、单腿起跳扣球技术、快球技术和后排扣球技术等。

正面扣球技术

正面扣球是扣球技术中最基本的一种方法。由于面对球网，便于观察，准确性较高；加之正面扣球挥臂动作灵活，能根据对方放手的情况，随时改变扣球的路线和力量，控制落点，因而进攻效果较好。初学者必须在掌握好正面扣球技术后，再学习其他扣球技术。现以两步助跑,右手扣球为例来分析其动作方法和技术要领。

动作方法 见图3-5-1

（1）采用略蹲姿势,两臂自然下垂,站在离球网3米左右处,身体转向来球方向,观察来球,做好向各个方向助跑起跳的准备；

（2）助跑开始时,左脚向前迈出一步,紧接着右脚再快速跨出一大步,左脚及时跟上,踏在右脚之前,两脚脚尖略向右转,两臂绕体侧向上引摆；

（3）在助跑跨出最后一步,左脚跟上踏地制动的同时,两臂自后积极向前摆动,随着两脚蹬地向上起跳,两臂配合起跳有力地向上摆动；

（4）起跳后,挺胸展腹,上体略向右转,右臂向后上方抬起,身体呈反弓形；

（5）挥臂时,靠转体、收腹动作发力,依次带动肩、肘、腕各关节向前上方成鞭甩动作；

（6）击球时,五指略张,以掌心为主,全掌包满球,在手臂伸直的最高点的前上方击球的后中部,同时用力屈腕、屈指向前推压,使扣出的球呈上旋；

（7）落地时,以前脚掌先着地,再迅速过渡到全脚掌着地,同时顺势屈膝、收腹,以缓冲下落的力量,

为下一动作做准备。

技术要点

（1）助跑起跳的时机应比室内排球略晚，因为软式排球的飞行速度较慢；

（2）扣球时击球的部位在球的中上部，而不同于室内排球的后中部；

（3）动作幅度比扣室内排球的动作要小，注意控制扣球的力量，主要靠前臂及手腕的动作进行扣球，主动屈腕击球。

错误纠正

练习时易出现助跑起跳时机不准、击球点偏后、扣球时手包不满球、用力过猛等问题。因此，应根据二传球的高度，用口令指导练习者助跑起跳，体会动作要领。

伤害预防

为减少腰背部拉伤，肩关节、膝关节、踝关节扭伤等常见性伤害，做正面扣球练习时，应做好充足的准备活动，多做徒手模仿练习及强化自身的身体素质训练。

图 3-5-1

单腿起跳扣球技术

单脚起跳扣球是指助跑的最后一步以单脚踏地，另一只脚直接向前上方摆动，帮助起跳的一种扣球方法。它既能高跳，扣定点高球，又能追球起跳，扣低弧度球，有利于控制时间和空间，兼有位置差和空间差的特点，这对突破和逼到拦网有较大作用。

❀ 动作方法　见图 3-5-2

（1）可采用一步、二步或三步助跑，助跑到最后，左脚向扣球点位置跨出一大步，身体重心略向后倾；

（2）在右脚向上摆动时，左脚用力蹬地起跳，两臂积极配合上摆，起跳后的扣球动作与正面扣球动作基本相同。

❀ 技术要点

助跑的路线与球网的夹角宜小，以免造成前冲过大而碰网或中线犯规。

❀ 错误纠正

练习时易出现助跑起跳前冲、击球点掌握不好、上步时间早等问题。因此，应多做单脚助跑起跳练习，体会动作要领。

❀ 伤害预防

为减少对膝关节、踝关节和腰背部肌肉的伤害及对手指、手腕的损伤，应做好充分的准备活动，在练习中要集中精神，并注意脚下，多做徒手模仿练习，加强自身的身体素质训练。

图 3-5-2

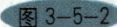 **快球技术**

快球是扣球队员在一传队员传球前或传球的同时起跳,把二传队员传来的球以快速挥臂动作击入对方场区的一种扣球方法。快球突出的特点是速度快、时间短、突然性强、牵制性大,有利于争取时间和空间,达到突然袭击、攻其不备的目的。快球技术是我国独有的传统打法,包括近体快球、短平快球、平拉开快球和背快球等。

 近体快球

 动作方法   见图 3-5-3

(1)扣球队员随一传球同时助跑到网前;

(2)二传队员传球时,扣球队员在二传队员前约一臂距离处,迅速起跳,并立即快速挥臂扣正处上升到网上沿或快要下降的二传球,利用迅速甩腕动作,击球的后上部。

技术要点

(1)助跑路线一般与球网的夹角保持在 45 度左右;

(2)扣近体快球的队员与二传队员距离最近,球速快,动作节奏快,使对方不易拦防,具有实扣效果和掩护作用。

✸ 错误纠正

练习时易出现扣球队员助跑起跳前冲、击球点保持不好、上步时间晚、起跳慢等问题。因此，应以口令、信号限制传球和起跳扣球时间，强化练习，加强二传队员与扣球队员的配合。

✸ 伤害预防

为减少对膝关节、踝关节和腰背部肌肉的伤害及对手指、手腕的损伤，应做好充分的准备活动，在练习中要集中精神，并注意脚下，多做徒手模仿练习，加强自身的身体素质训练。

图 3-5-3

短平快球

动作方法　见图 3-5-4

（1）扣球队员在网前距二传队员前面 2 米左右处起跳，扣二传队员传来的高速平快球；

（2）击球时，迅速以含胸动作带动前臂和手腕加速挥动，以全掌击球的后上方。

技术要点

（1）短平快球的进攻点多在网的中间地区，能牵制对方拦网，起到配合掩护作用；

（2）短平快球的助跑角度小于 45 度，要在二传队员出手的同时起跳，在空中截击平飞过来的球；

（3）传球速度快、弧度平，故进攻节奏快，威胁性大。

错误纠正

练习时易出现扣球队员助跑起跳前冲、击球点保持不好、上步时间晚、起跳慢等问题。因此，应以口令、信号限制传球和起跳扣球时间，强化练习，加强二传队员与扣球队员的配合。

伤害预防

为减少对膝关节、踝关节和腰背部肌肉的伤害及对手指、手腕的损伤，应做好充分的准备活动，在练习中要集中精力，并注意脚下，多做徒手模仿练习，加强自身的身体素质训练。

扣球技术

077

图 3-5-4

平拉开快球

动作方法 见图 3-5-5

（1）扣球队员、二传队员传球前先外绕助跑，待二传传球出手后，扣球队员在 4 号位标志杆附近起跳，扣二传队员传来的长距离平快球；

（2）当球快速飞行过来时，看准球，迅速挥臂在空中截击来球。击球点保持在右臂前方，利用前臂与手腕的加速甩动，击球的后上部。

技术要点

由于二传手传球弧度低、速度快，故使扣球具有突然性，进攻区域较宽，易摆脱对方的集体拦网。

错误纠正

练习时易出现扣球队员助跑起跳前冲、击球点掌握不好、上步时间晚、起跳慢等问题。因此，应以口令、信号限制传球和起跳扣球时间，强化练习，加强二传队员与扣球队员的配合。

伤害预防

为减少对膝关节、踝关节和腰背部肌肉的伤害及对手指、手腕的损伤，应做好充分的准备活动，在练习中要集中精力，并注意脚下，多做徒手模仿练习，加强自身的身体素质训练。

扣球技术

图 3-5-5

背快球

动作方法 见图 3-5-6

（1）二传队员向背后传球，扣球队员在二传队员身后打快球，与近体快球动作相同；

（2）击球时，迅速以含胸动作带动前臂和手腕加速挥动，以全掌击球的后上方。

技术要点

（1）传球速度快、弧度平，故进攻节奏快，威胁性大；

（2）要求传队员与扣球队员配合默契；

（3）扣球队员还可以从3号位跑到2号位队员身后扣背快球，也可以单脚起跳扣背快球（有较大的威胁性和掩护作用）。

错误纠正

练习时易出现扣球队员助跑起跳前冲、击球点掌握不好、上步时间晚、起跳慢等问题。因此,应以口令、信号限制传球及起跳扣球时间,强化练习,加强二传队员与扣球队员的配合。

伤害预防

为减少对膝关节、踝关节和腰背部肌肉的伤害及对手指、手腕的损伤,应做好充分的准备活动,在练习中要集中精力,并注意脚下,多做徒手模仿练习,加强自身的身体素质训练。

图 3-5-6

后排扣球技术

后排队员在本方进攻线后起跳,扣二传队员传向进攻线附近的开网球称为后排扣球。后排扣球过网区域宽、过网时间变化大、落点范围广,给对方拦网和防守造成困难。如果再配合前排队员的快球掩护,则后排扣球威力更强。

动作方法 见图 3-5-7

(1) 助跑步数一般是两步或三步,起跳时,两臂绕体侧后,随之向前摆动,过髋部后以较大的肘关节角度向上方摆动;

(2)起跳后,抬头、挺胸、展腹,身体呈反弓形;

(3)击球时,要有较大的收腹动作,带动手臂向前上方挥动,在右肩前上方,手臂伸直至最高点,用全掌击球的后中部,同时用手腕推压动作使球加速上旋飞行。

技术要点

后排扣球的助跑步幅大、距离长、速度快,必须在进攻线后起跳。

错误纠正

采用后排扣球技术易出现助跑无力、起跳不充分、起跳点位置选择不好、挥臂动作不正确等问题。因此,应多做徒手起跳练习,以口令、信号体会助跑起跳时间。

伤害预防

为减少对膝关节、踝关节和腰背部肌肉的伤害,应做好充分的准备活动,在练习中要集中精神,并注意脚下,多做徒手模仿练习,加强自身的身体素质训练。

图 3-5-7

第六节 拦网技术

拦网是指队员靠近球网,将手伸向高于球网处,阻挡对方来球的技术动作。在软式排球比赛中,拦网是防守的第一道防线,可减轻本方后排防守的压力。高水平的拦网可削弱对方进攻的锐气和信心,增加对方心理压力,使其产生混乱。因此,提高拦网战术水平,对争取比赛胜利有着重要的作用。拦网技术包括准备姿势、移动、起跳、空中拦截、落地和双人拦网技术等。

准备姿势

准备姿势是拦网动作的基础,需要熟练掌握。

动作方法 见图3-6-1

(1)面对球网,两脚左右开立,约与肩同宽,距网30~40厘米;

(2)两膝弯曲呈半蹲或稍蹲,两臂在身前自然屈肘,密切注视对方扣球队员的动向,随时准备起跳和移动。

技术要点

面对球网,离网较近,两臂在体前自然屈肘,不要触网。

错误纠正

练习时易出现离球网距离较远、两臂未屈肘等问题。因此,应多加练习,体会动作要领。

伤害预防

为减少对膝关节、踝关节和腰背部肌肉的伤害,在拦网练习时,应做好充分的准备活动,加强自身的身体素质训练。

图 3-6-1

移动的目的是为了选择能有效拦截球的起跳点,常用的步法有并步、交叉步、跑步等。

动作方法　见图 3-6-2

(1)移动距离近时采用并步,面对球网,右脚向右横跨一步,左脚

并上同时起跳;

（2）移动距离略远时采用交叉步,面对球网,向右移动时身体略向右转,重心移到右脚上,左脚经体前交叉落在右脚的右前方,同时右脚向右跨出一步,脚尖略内转向球网;

（3）移动距离过远时采用跑步,在组织拦网时,3号位队员向内侧配合拦网,可采用跑步移动,如向右侧跑动,身体向右转,左肩对网,顺网助跑至起跳点,左脚(内侧脚)跨出制动,右脚再向前跨出一步,脚尖向左转,随即屈膝起跳。

技术要点

（1）做并步与滑步时,横跨的步幅大小与滑动的快慢是关键;

（2）交叉步由于内侧脚制动而制动力大,因此移动速度快,移动范围大;

（3）跑步移动易加快速度,充分发挥起跳能力,但要注意跑步移动后的制动,防止起跳后与同伴相撞。

错误纠正

移动时易出现触网、选择起跳点不准等问题。因此,应多加练习,体会动作要领。

伤害预防

为减少对膝关节、踝关节和腰背部肌肉的伤害,在移动练习时,应做好充分的准备活动,加强自身的身体素质训练。

图 3-6-2

起跳

起跳有原地起跳和移动起跳两种。

动作方法　见图 3-6-3

（1）原地起跳时，两腿屈膝，重心降低，随即用力蹬地，两臂以肩关节为轴，在体侧近身处，做划弧前后摆动，帮助身体迅速跳起；

（2）移动后起跳的动作与原地起跳相同，但要注意制动，移动与起跳动紧密衔接，使身体面向球网起跳，手臂动作同原地起跳。

技术要点

拦网起跳的时机要比拦室内排球晚，因为软式排球的球速慢，过网时间相对略长。

错误纠正

练习时易出现起跳过早、身体或手臂触网等问题。因此，应采用信号刺激，加强起跳时机的判断，做左右移动起跳拦网动作练习，判断扣球人的跑动路线。

伤害预防

为减少对膝关节、踝关节和腰背部肌肉的伤害，在拦网练习时，应做好充分的准备活动，加强自身的身体素质训练。

图 3-6-3

空中拦截

空中拦截是拦网的关键,要求练习者熟练掌握。

动作方法 见图 3-6-4

（1）起跳时,两手从额前沿球网向上伸出,两臂伸直,保持平行,两肩上提;

（2）拦网时,两臂伸过网去接近球,两手自然张开,屈指、屈腕呈半球状;

（3）手触球时,两手突然紧张,手腕下压,盖在球的前上方。

技术要点

（1）两手贴近球网,手触球时,手腕主动用力捂球,使球反弹角度小,对方不易保护;

（2）拦远网扣球时,不用压腕动作,尽量向上伸直手臂、手腕,以提高拦网点;

（3）为防止打手出界,2号位、4号位拦网队员外侧手要向内转。

错误纠正

拦网时易出现手臂扑网,身体前冲过中线,导致触网,拦网闭眼等问题。因此,应采用信号刺激,加强起跳时机的判断,徒手模仿伸臂、提肩、收腹、含胸、捂球动作,做左右移动起跳拦网练习,判断扣球人的跑动路线,并要求目视扣球人的挥臂动作。

伤害预防

为减少对手腕和肘关节的伤害,在拦网练习时,应做好充分的准备活动,加强自身的身体素质训练。

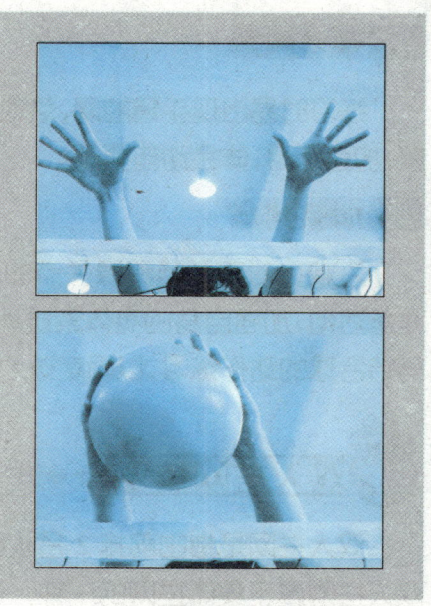

图 3-6-4

落地

落地动作是拦网动作的结束,也是下一个动作的开始。

动作方法 见图3-6-5

(1)拦球后,要做含胸动作,以保持身体平衡,手臂先后摆或上提,从网上收回至本方上空,再屈肘向下收臂,以免触网;

(2)与此同时,屈膝缓冲,两脚落地,随即转身面向后场,准备接应来球或做下一个动作准备。

技术要点

(1)下落时,含胸、快速收臂,以免触网;

(2)两脚同时落地,屈膝缓冲。

图3-6-5

错误纠正

练习时易出现手臂触网、落地不缓冲等问题。因此,应采用信号刺激,加强练习,体会动作要领。

伤害预防

为减少对膝关节和踝关节的伤害,在拦网练习时,应做好充分的准备活动,加强自身的身体素质训练;可以先以徒手练习为主,熟练后再结合球的动作练习,以固定球为主,不要急于求成。

双人拦网技术

双人拦网是指由前排2名队员互相靠近,同时起跳组成的拦网。双人拦网属于集体拦网的一种,是比赛中最常用的一种拦网形式,主要在对方大力扣球时使用。

动作方法 见图3-6-6

（1）双人拦网与单人拦网的动作基本相同，起跳时，两人的手臂应该在体前划小弧向上摆伸，尽量垂直向上起跳，防止互相碰撞或干扰；

（2）手臂在空中既不能重叠，造成拦击面缩小，也不能间隔太宽，造成中间漏球；

（3）扣球靠近边线时，离边线近的拦网队员外侧的手应适当内转，以防打手出界。

技术要点

（1）双人拦网时，应以一人为主拦队员，另一人为配合队员，但主拦队员不是固定的，一般情况下，距对方扣球点近的队员为主拦队员；

（2）主拦队员必须抢先移动到正对扣球点的位置，做好起跳准备，配合队员则迅速移动靠近主拦队员，准备同时起跳；

（3）注意两人的相互配合，两人之间的距离要合适，距离太远，起跳后出现空门，距离太近，起跳时互相干扰，致使双方都跳不高。

错误纠正

拦网时易出现起跳过早或过晚、两臂有向前扑打动作、两人配合不当等问题。因此，应注意起跳时机，在网边反复做原地提肩压腕动作，多练两人移动后合并拦网的起跳配合。

伤害预防

为减少对膝关节和踝关节的伤害，在拦网练习时，应做好充分的准备活动，加强自身的身体素质训练，可以先以徒手练习为主，熟练后再结合球的动作练习，以固定球为主，不要急于求成。

图3-6-6

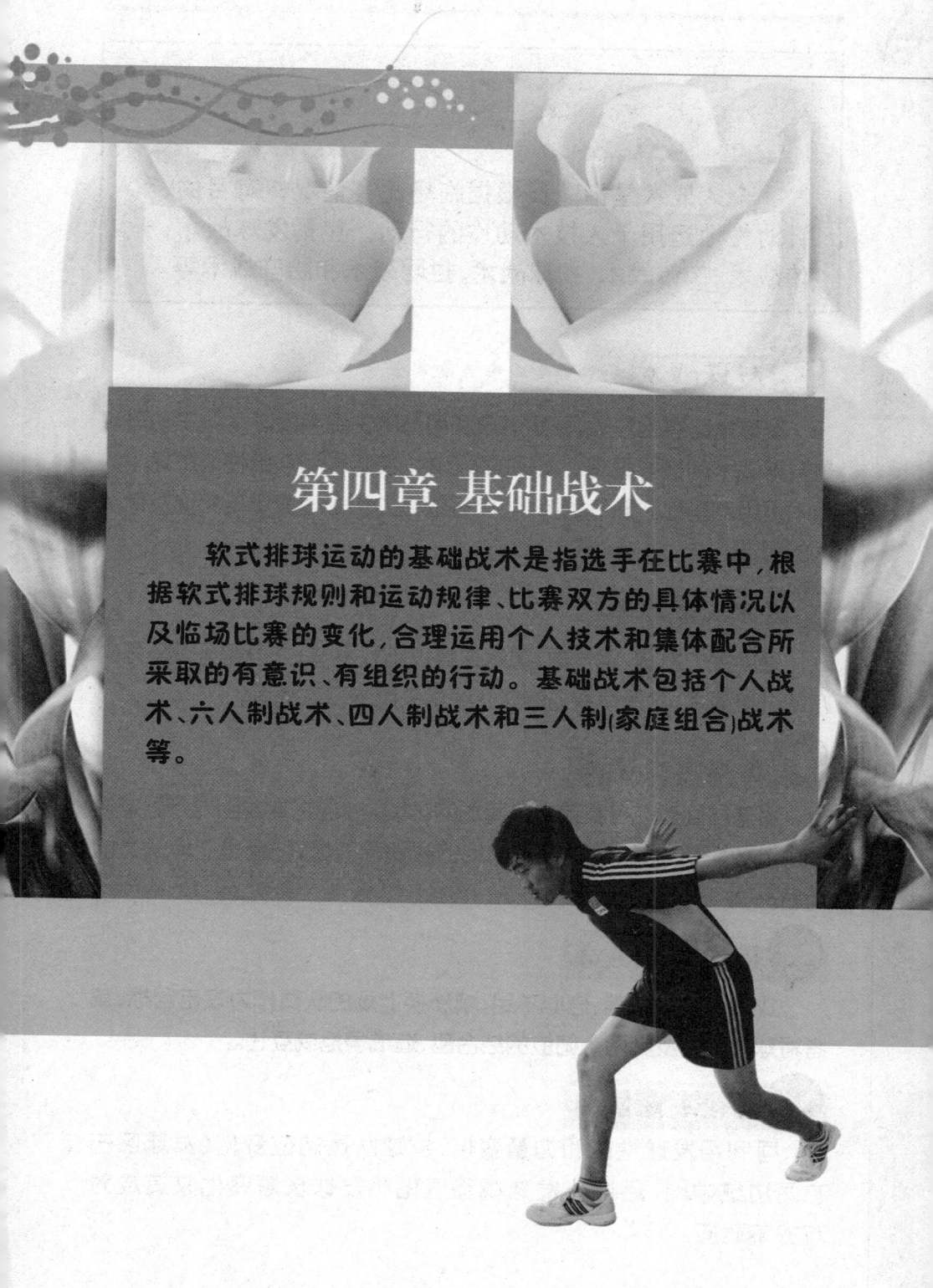

第四章 基础战术

软式排球运动的基础战术是指选手在比赛中，根据软式排球规则和运动规律、比赛双方的具体情况以及临场比赛的变化，合理运用个人技术和集体配合所采取的有意识、有组织的行动。基础战术包括个人战术、六人制战术、四人制战术和三人制(家庭组合)战术等。

第一节 个人战术

个人战术是指队员根据临场比赛情况，有目的、有针对性地运用个人技术动作的行动，包括发球战术、一传战术、二传战术、扣球战术、拦网战术和防守战术等。

发球是比赛的开始，更是进攻和得分的主要手段之一。主动进攻是发球战术的指导思想。发球的攻击性、技巧性和准确性是发球个人战术运用的基础。熟练的技术、良好的体力和心理素质是实现发球战术的保证。

拼发球战术

采用大力发球、跳发球、重飘球等攻击性发球，力争得分或破坏对方的进攻战术，这是有实力的球队经常采用的发球战术。

找点发球战术

将球发到对方接发球力量薄弱的区域。一般将球发到对方后场两个角上效果最好，其次是对方场地的腰部和前区，特别是二传队员的背后。

找人发球战术

找对方接发球差、信心不足，或新换上场的队员作为攻击目标；或者将球准确地发到两人站位的结合部，造成争抢或互让。

变化发球战术

可利用发球性能和力量变化，发球队员站位变化（发球区左右两边或中间、远近）、发球线路变化和发球长短变化来造成对方的不适应。

提高成功率战术

要注意提高发球的成功率,尽量减少失误。特别是在决胜局采用每球得分制,发球失误即失分,甚至直接导致比赛的失败。另外,比赛中连续的发球失误,极易影响全队的士气和信心。

一传战术

为了组织本队的进攻战术,而有目的地接发球就是一传战术。由于各队采取的进攻战术不同,对一传的方向、弧度、速度和节奏的要求也不同。

(1)初学者应将一传球垫或传到二传队员的头部上方,弧度略高,便于做二传;

(2)采用以强攻为主的战术打法时,一传弧度宜高,以便二传队员移动到位或其他队员调整传球;

(3)采用快攻战术打法时,一传弧度较平,速度略快;

(4)采用二次球战术打法时,一传弧度要高,落点靠近网口,便于二次进攻。

二传战术

二传队员传球或其他队员做调整二传时,应注意充分发挥本队实力,避开对方拦网,掩护本方进攻。

(1)一传到位或基本到位时,根据本方队员特点和对方拦网状况,合理地分配球,尽量造成对方无人拦网或单人拦网;

(2)传球时运用隐蔽动作或假动作,调动对方的拦网队员,形成有利于进攻的突破口,达到避实就虚的目的;

(3)二传队员运用两次进攻或二传吊球吸引对方拦网,达到牵制对方、掩护本队进攻的目的;

(4)根据临场一传状况,如传球到位或不到位、近网或远网、直冲网口或网下,灵活地运用传球姿势,力争组成快攻或强攻;

(5)调整传球时,也可运用侧传、背传、集中、拉开、传前排、传后排的变化,来迷惑对方。

 扣球战术

扣球战术是进攻和反攻成败的主要体现,是一个球队实力的综合反映。重扣轻打相结合是扣球的指导思想。

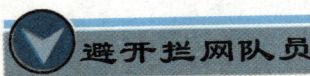 避开拦网队员

(1)运用扣球路线的变化,如扣直线、斜线和小斜线等;

(2)运用近网与远网的变化,使对方拦网者不易判断过网点与时机;

(3)扣吊结合;

(4)熟练运用扣球动作,提早或延迟击球时间;

(5)利用两次球战术,使对方不能组成双人拦网。

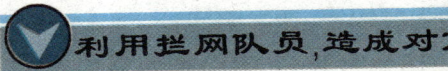 利用拦网队员,造成对方失误

(1)打手出界;

(2)轻扣球触及拦网队员的手,造成球随拦网队员一同下落;

(3)平打,造成对方拦网触手后,球落入后区或出界;

(4)运用吊球,使球落在对方网前。

根据临场情况采取的扣球战术

(1)根据对方拦网队员的身高和技术情况,避强打弱;

(2)找人、找点的扣球,将球扣向对方技术较差的队员或对方站位的空当。

 拦网战术

拦网既是防守技术,也是进攻手段,拦网时必须加强判断,善于运

用隐蔽动作和假动作。

（1）站直线拦斜线或站斜线拦直线,运用取位和空中变化迷惑对方；

（2）可制造假象,使对方受骗,或在空中两臂先分开,有意露出中路,引诱对方中路进攻,然后突然阻拦中路；

（3）发现对方想利用打手出界或平打手指时,要及时撤手,使之扣球出界。

防守战术

在防守时应选择有利位置,采取合理的击球动作,将球有效防起。

（1）根据判断,及时移动取位,守住"最危险"区域；

（2）运用各种击球动作防守起球,力求控制球的高度和落点,使之便于组织反攻,如来球能够控制,要垫给二传队员,以便组织快攻或强攻。

第二节 六人制战术

六人制软式排球比赛的基本战术与室内六人制排球比赛的战术基本相同或相近,包括阵容配备、进攻战术和防守阵形等。

阵容配备

阵容配备就是合理地把全队的力量搭配好,更好的发挥每一名队员的特长的组织方式。

主要形式

四二配备　见图 4-2-1

四二配备即 2 名二传手、4 名攻手,其中 4 名攻手中又分为 2 名主攻手、2 名副攻手。

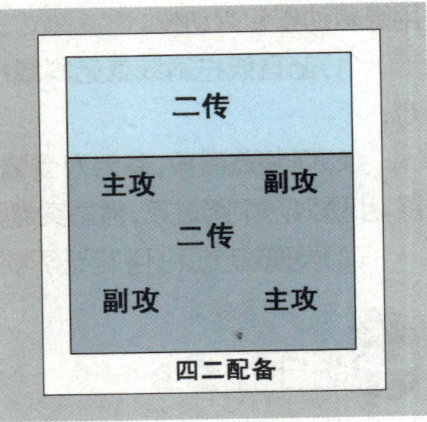

图 4-2-1

五一配备　见图 4-2-2

五一配备即 1 名二传手、5 名攻手。

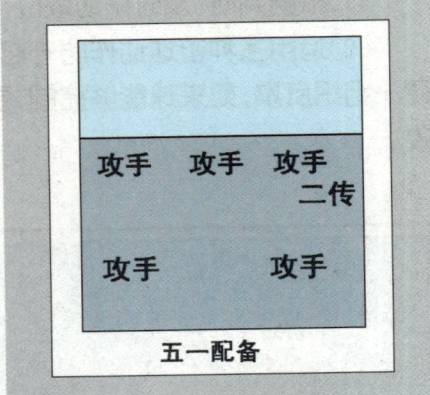

图 4-2-2

三三配备　见图 4-2-3

三三配备适合初学者采用,即 3 名攻手与 3 名二传手间隔站立,使每轮次都有 1~2 名攻手和二传手。

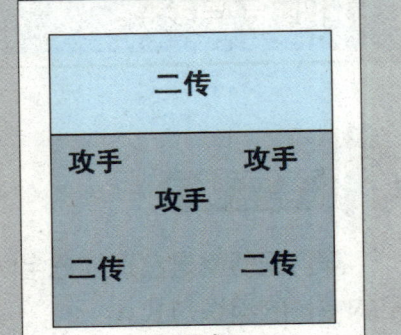

图 4-2-3

 交换位置

根据规则,场上队员在发球后可任意交换位置,但后排队员不能在前排进攻、拦网。为了便于发挥每个队员的特长,通常采用发球后队员交换位置进行专位进攻和专位防守,这样也有利于集中训练。

换位的规律是把前排的主攻队员换到4号位;拦网好,移动快,连续起跳能力强的副攻队员还到3号位;二传队员还到2号位。在后排的主攻队员换到5号位;防守灵活的队员换到6号位;二传队员换到1号位,便于行进间插上。

 进攻战术

进攻战术是指在接对方发过来、扣过来、拦过来和传垫过来的球后,全队采取的有目的、有组织地配合进攻行动。

 进攻阵形

进攻阵形主要包括"中一二"进攻阵形、"边一二"进攻阵形和"插上"进攻阵形等。

❀ "中一二"进攻阵形　见图4-2-4

由前排中间的3号位队员作二传,把球传给两边的2号位或4号位队员后进攻,这种进攻的组成形式称作"中一二"进攻阵形。当二传队员轮到2号位或4号位时,可以在对方发球后换到3号位。"中一二"进攻阵形是进攻战术中最简单、最基本的战术形式,它的优点、缺点是:

(1)优点是一传向网中间3号位垫球比较容易,二传向2号位、4号位传球的距离较短,容易传准,有利于组成进攻,适合初学者采用;

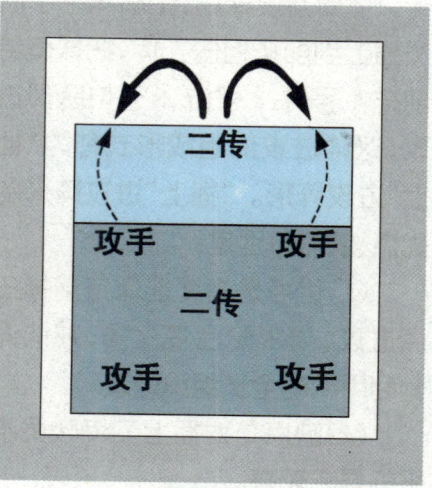

图4-2-4

(2)缺点是战术变化少,只能两点进攻,战术意图容易被对方识破。

❋ "边一二"进攻阵形   见图 4-2-5

由前排位队员作二传,把球传给 3 号位或 4 号位队员进攻,这种进攻的组成形式称作"边一二"进攻阵形。"边一二"进攻阵形的优点、缺点分别是:

(1)优点是右手扣球者在 3 号位或 4 号位扣球都比较顺手,战术变化也比较多;

(2)缺点是对一传要求较高,尤其 5 号位队员向 2 号位垫球时,由于距离远、角度大,控制球难度较大,一传偏至 4 号位时,二传接应较困难。

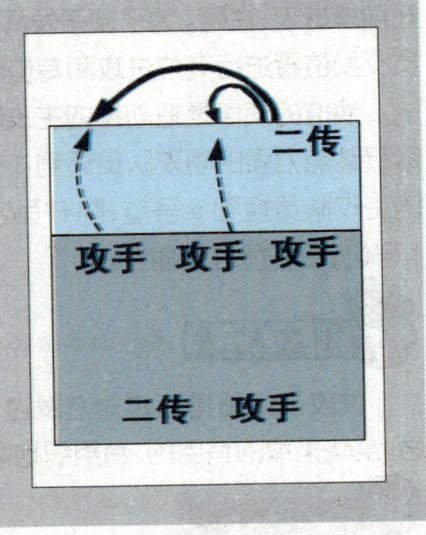

图 4-2-5

❋ "插上"进攻阵形   见图 4-2-6

在对方发球后,由后排一个队员插上到前排担任二传,把球传给前排 4 号位、3 号位、2 号位队员进攻,这种进攻的组成形式称为"插上"进攻阵形。"插上"进攻阵形的优点、缺点分别是:

(1)优点是始终能保持前排三点进攻,战术配合变化多,并能充分利用网的全长组织进攻;

(2)缺点是对插上二传队员水平的要求较高。

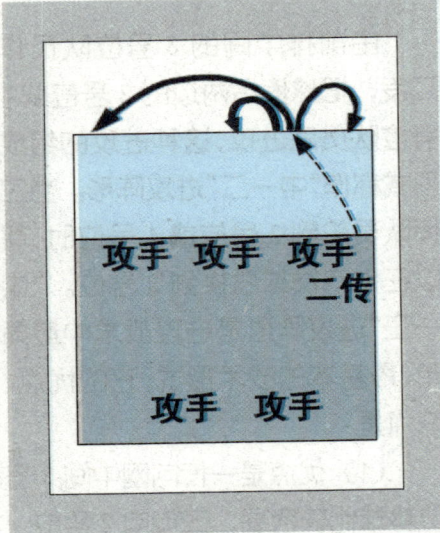

图 4-2-6

进攻战术打法

强攻

强攻是指在没有同伴掩护、对方有拦防准备的情况下，主要凭借个人力量、高度和技巧强行突破对方拦、防的进攻，一般指二传传高球的进攻。根据不同的进攻位置，还可分为集中进攻、拉开进攻、围绕进攻、调整进攻等。后排队员的高球进攻也属于强攻打法。

快攻

快攻是指二传传出各种平、快球，并用这些平、快球作掩护，所组成的各种战术配合，可分为平快球进攻、自我掩护进攻、快球掩护进攻等。

两次球进攻

当一传来球较高，又在网前适合扣球的位置，前排队员可以跳起直接进行扣球；如果遇拦网，则可在空中改做二传，把球传给其他前排队员进攻，这种打法就称为两次球进攻。

以上进攻战术打法，同样可以在接发球、接扣球、接拦回球或接对方传、垫回来的球后任意选择运用。

防守阵形

防守阵形是指在比赛中根据对方进攻战术所采取的有针对性的防守布局。防守是进攻的前提，是由守转攻的转折点。

接发球阵形

五人接发球阵形

见图4-2-7

这是最基本的接发球阵形，除1名二传队员站在网前或从后排插上不接发球外，其余5名队员都担负一传任务。水平较低的队更需要采用这种阵形。

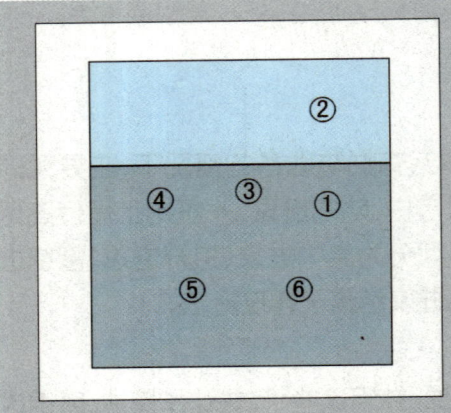
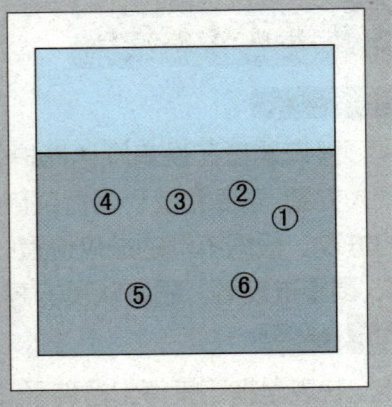

图 4-2-7

四人接发球阵形　见图 4-2-8

为了插上方便，插上队员与同列的前排队员都站在网前不接发球，其他 4 名队员站成弧形接发球。此阵形便于后排二传队员插上和不接发球的前排队员及时换位。水平较高的队可采用四人接发球阵形。

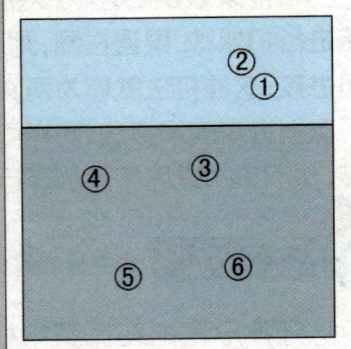
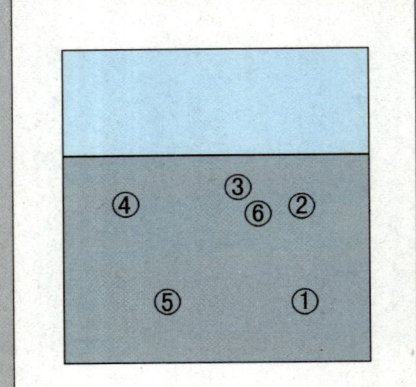
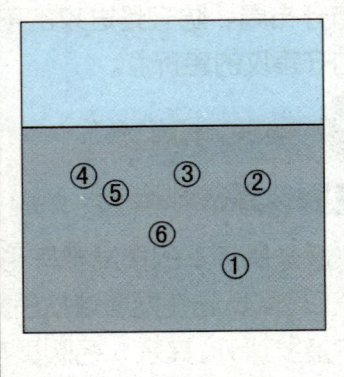

图 4-2-8

接扣球阵形

不拦网防守阵形

如果对方进攻的情况没有必要进行拦网,或初学者在还没有掌握拦网技术的情况下,那么进行比赛时,可以采用不拦网的防守阵形。例如,当对方4号位队员进攻时,3号位队员后撤到进攻线附近,准备防吊球;其他队员各防一条线,二传队员留在网前,既可防守起吊到网前的球,又便于组织进攻。

单人拦网防守阵形

与水平较低的队比赛时,由于其扣球力量小,路线变化少,吊球较多,用单人拦网防守阵形比较合适。单人拦网防守阵形的优点是增加了后排防守人数,便于组织进攻。

双人拦网防守阵形

"心跟进"防守阵形　见图 4—2—9

这种防守阵形也称为"6号位跟进"防守阵形。当对方扣球队员经常采用打吊结合,本方拦网能力强,能封住后场中区,6号位或某个队员又善于防吊球时,就可采用"心跟进"防守阵形。采用"心跟进"防守阵形,有利于防吊球和拦网弹起的球,也便于接应和组织进攻,但后场只有2名队员防守,空隙较大,后场中央和两腰容易造成空当。

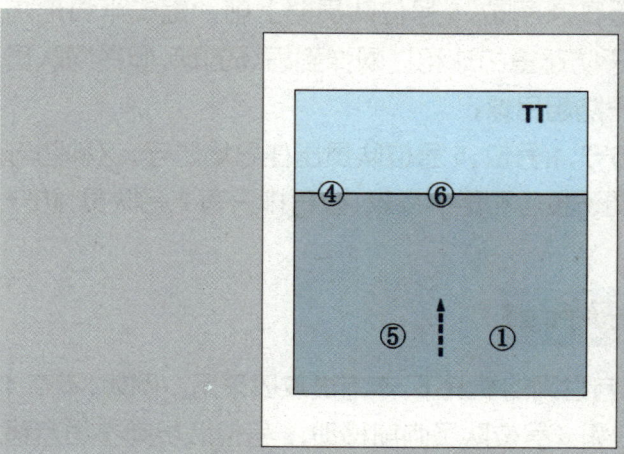

图 4—2—9

"边跟进"防守阵形 见图4-2-10

这种防守阵形也称为"马蹄形"或"1号位、5号位跟进"防守阵形。一般在对方进攻力量比较强、战术变化较多、吊球较少时采用。国内外强队广泛采用这种防守阵形。"边跟进"防守阵形对防对方重扣球较为有利,同时也便于组织反攻,其弱点是球场中间空隙较大,容易形成"心空",对方如果扣直线结合轻扣或吊球,则防守保护较为困难。

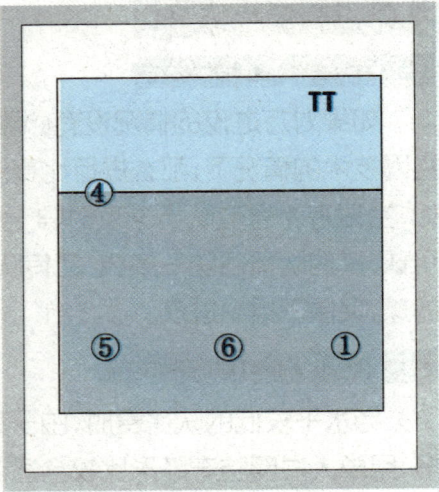

图4-2-10

三人拦网防守阵形

这种防守阵形适合在对方扣球队员攻击性强、路线变化多、吊球很少时采用。三人拦网只有在对方高球强攻的情况下才有可能组成。采用三人拦网,加强了第一道防线,但后场空隙相对增大,三人拦网后,因拦网队员立即后撤转入反攻,时间上比较仓促,不利于组织反攻。因此,采用三人拦网时,要根据实际情况,一般在对付突出的强攻队员或某个轮次时可适当采用。三人拦网的布局有两种:

(1)6号位队员压底,1号位、5号位队员略上前,组成半弧形防守,这种防守阵形便于防起重扣球和拦网弹到后场的球,但拦网队员身后空隙较大,不便于防起吊球;

(2)6号位跟进防守,1号位、5号位队员压住后场防守,这种防守阵形可以防起吊球,便于接应和组织反攻,但后排只有2名队员,防守任务较重。

接拦回球保护阵形

这种阵形是在对方拦网的情况下,本方进攻时采用。例如,本方4号位队员进攻,5号位和6号位队员向前移动,3号位队员向左后方移动,组成半弧形保护圈,2号位队员内撤,1号位队员保护后场。其他位置进攻时,保护的阵形也可按同样道理布局。

接传、垫球防守阵形

这种防守阵形是在对方无法组织进攻,被迫用传、垫球击入本方时采用。防守阵形与不拦网的防守阵形相同,前排除二传队员外,其他队员都迅速后撤,准备接球后组织反攻。

第三节 四人制战术

四人制比赛由于人数少,战术也相对较简单,在比赛中采用的战术应以简单、实用为主。根据新修订的《软式排球竞赛规则》B制四人制比赛,其站位为2号位、3号位、4号位属前排队员,1号位属后排队员。

接发球阵形

接发球阵形包括无固定二传和固定二传两种。

无固定二传　见图4-3-1

场上4名队员都参加接发球,呈弧形站位,网前没有固定二传,由前排没有接发球的队员跑到网前做二传。

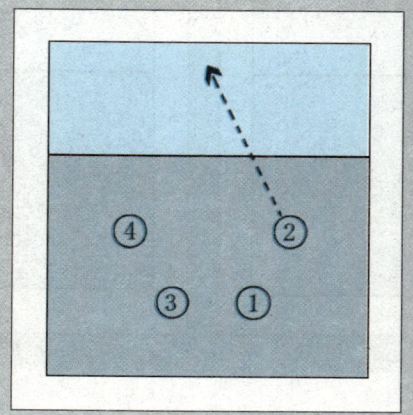

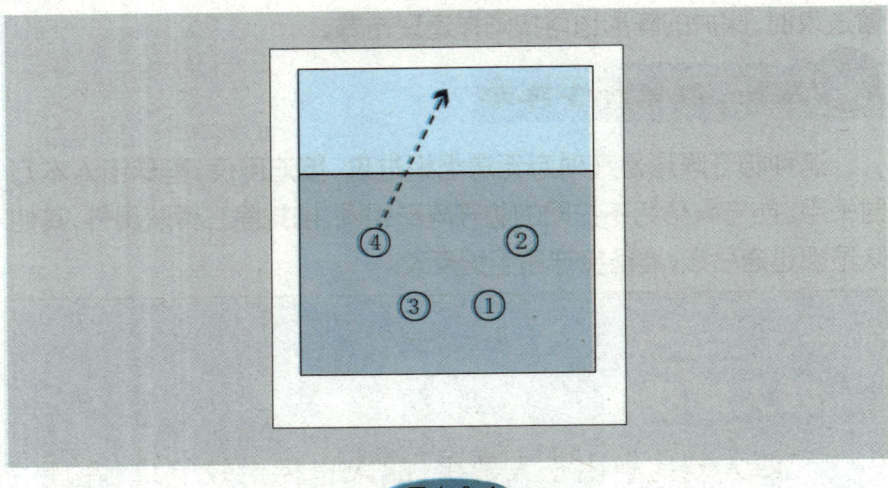

图 4-3-1

 见图 4-3-2

（1）由 2 号位队员固定在网前担任二传，其余 3 名队员呈弧形站位接发球；

（2）由 1 号位队员插上在网前担任二传，其余 3 名队员呈弧形站位接发球；

（3）由 3 号位队员固定在网前担任二传，其余 3 名队员呈弧形站位接发球。

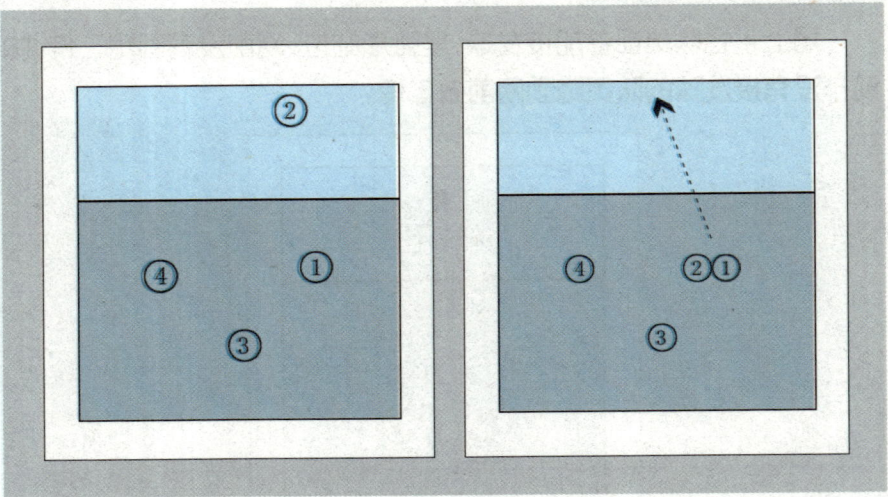

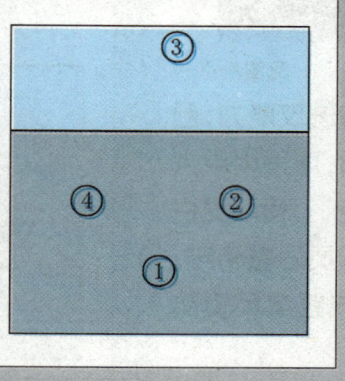

图 4-3-2

接扣球防守阵形

接扣球防守阵形包括不拦网防守阵形、单人拦网防守阵形和双人拦网防守阵形等。

不拦网防守阵形　见图 4-3-3

3 名进攻队员撤到进攻线后呈弧形站位防守,这样既便于准备防守,又便于起球组织反攻。每名队员负责防守一条线路或一个区域,二传队员留在网前,既可防吊球,又便于组织进攻。不拦网防守阵形适用于软式排球初学者,在球队没有进攻能力或进攻能力不强的情况下采用。

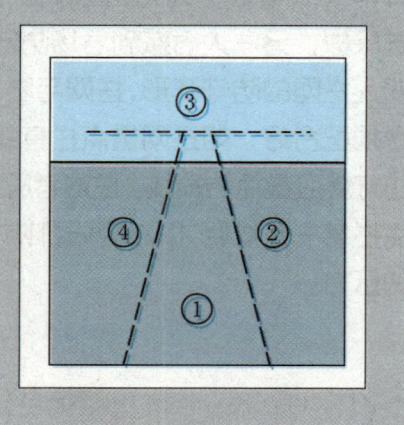

图 4-3-3

单人拦网防守阵形

见图 4-3-4

在对方有一定的进攻能力,但扣球路线变化较少时,可采用单人拦网防守阵形。由网前二传队员拦网,不拦网的 3 名队员后撤防守,每名队员防守一条线路或负责防守一个区域。

双人拦网防守阵形

见图 4-3-5

遇到水平较高的队,进攻较强、吊球较少时,可采用双人拦网的防守阵形。例如,对方 4 号位进攻,由前排 2 号位、3 号位队员拦网,4 号位、1 号位队员后撤防守,其中一人可根据对方进攻情况跟进保护,另一人后撤到后场防守。双人拦网的防守阵形,拦网与防守必须配合好,如拦网重点拦直线,防守就应重点防斜线。拦网者应重点拦某一条线路,以减轻后排防守的压力。

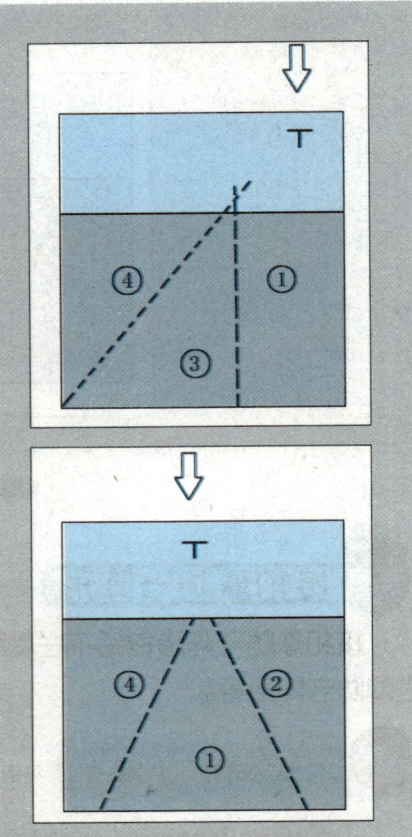

图 4-3-4

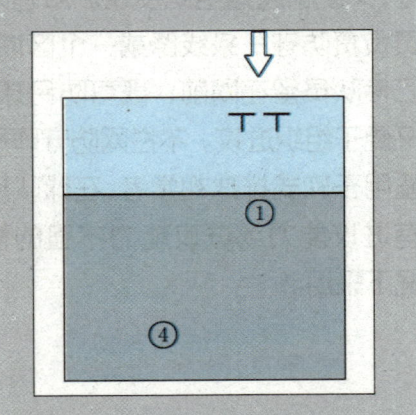

图 4-3-5

 **进攻战术**

四人制进攻战术,由于相对六人制比赛人数少,进攻队员必须在准备接第一次传球后才能准备进攻,节奏相对比较慢,战术组成相对较简单,以个人进攻战术突破为主。个人进攻战术打法与六人制比赛个人进攻战术类似,可参见本章第一节六人制比赛基本战术。

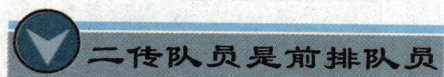 二传队员是前排队员

进攻战术形式类似六人制"中一二"、"边一二"进攻战术。

 二传队员是后排队员

❋ 以中间为中心两边拉开　　见图 4-3-6

中间有 1 名传球队员,其余队员进行前后三点的攻击扣球。

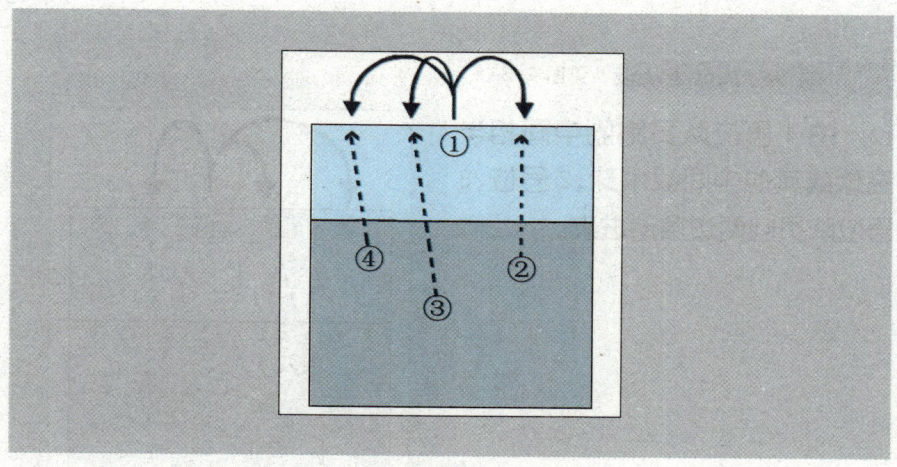

图 4-3-6

❄ **集中力量在某一区域形成突破口,以多打少**　见图4-3-7

在一侧有1名传球队员,其余队员都集中在传球队员的另一侧,进行各种的攻击扣球,从而达到多点进攻,取得优势。

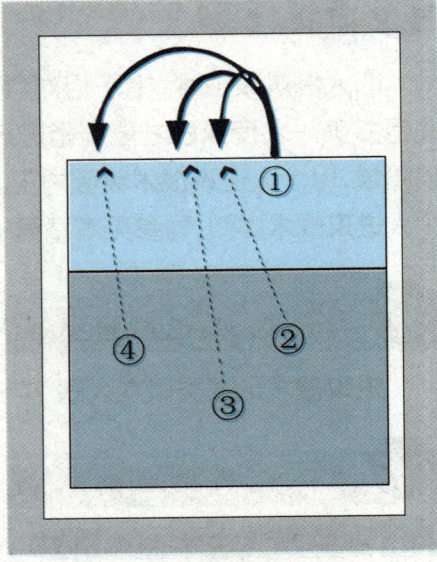

图4-3-7

❄ **两翼摆动进攻**　见图4-3-8

由4号位队员跑到中间扣半高球或其他中间战术球,2号位、3号位队员向两边摆动进攻。

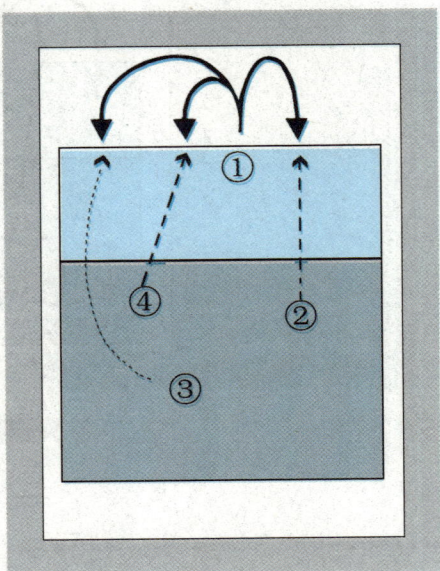

图4-3-8

第四节

三人制（家庭组合）战术

三人制战术是以二传为核心，可分为固定二传和不固定二传两种阵形。固定二传战术一般在水平较高、进攻能力较强的队伍中采用。不固定二传战术一般在软式排球初学阶段，进攻能力不强，以防守为主时采用。

三人制接发球阵形包括固定二传和无固定二传两种。

 见图 4-4-1

网前固定 1 名队员当二传，两人接发球准备进攻。

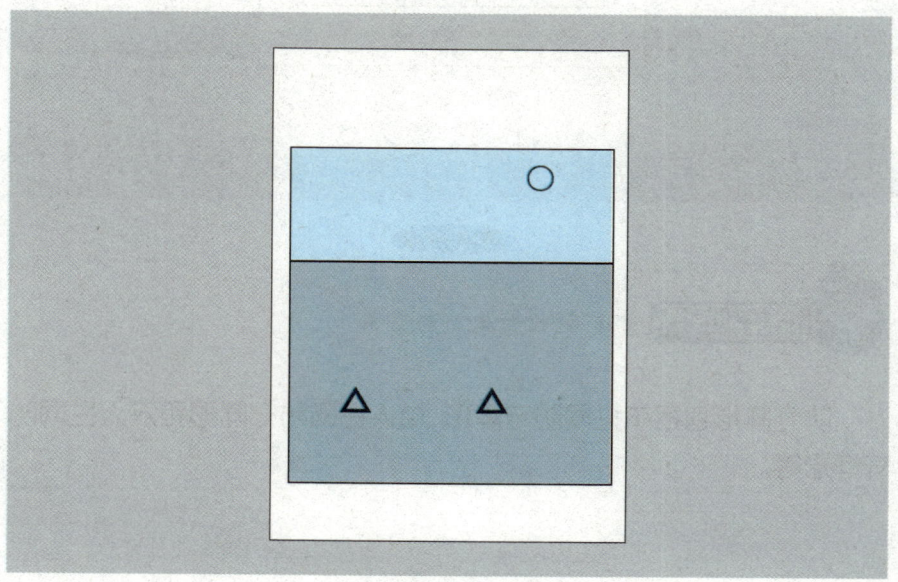

图 4-4-1

无固定二传

见图 4–4–2

场上 3 名队员都参加接发球，呈弧形站位，网前没有固定二传，由前面没有接发球的队员跑到网前传球。

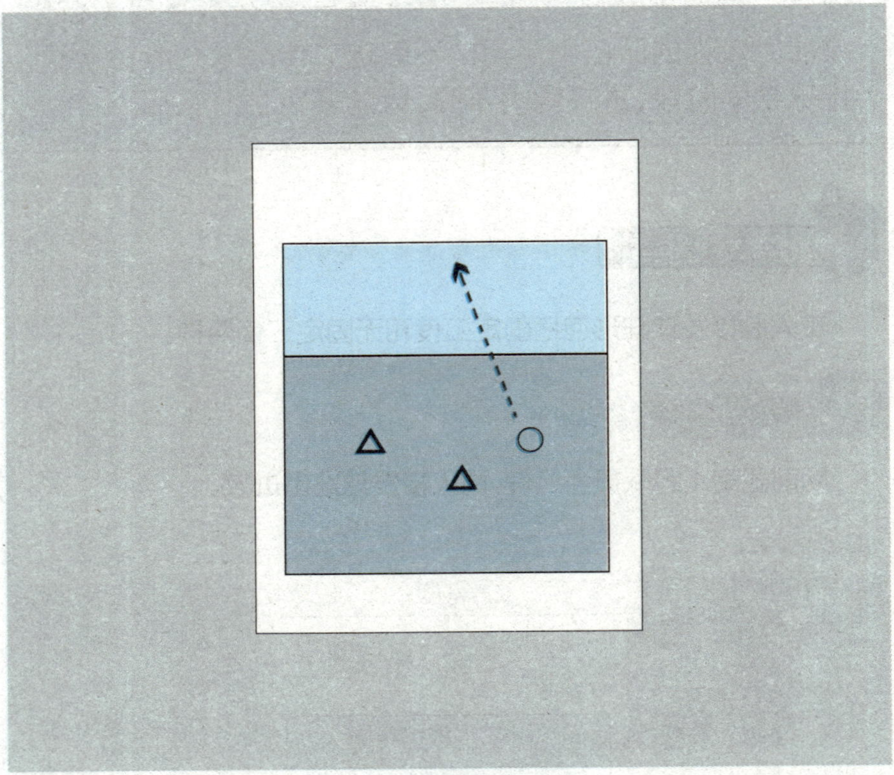

图 4–4–2

防守阵形

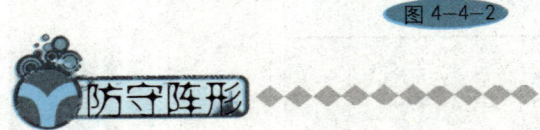

防守阵形包括不拦网防守阵形、单人拦网防守阵形和双人拦网防守阵形等。

不拦网防守阵形

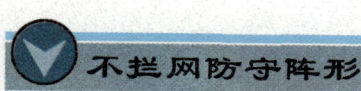

二传后撤　见图 4-4-3

3 名队员呈弧形站位防守，站位同无固定二传接发球阵形。

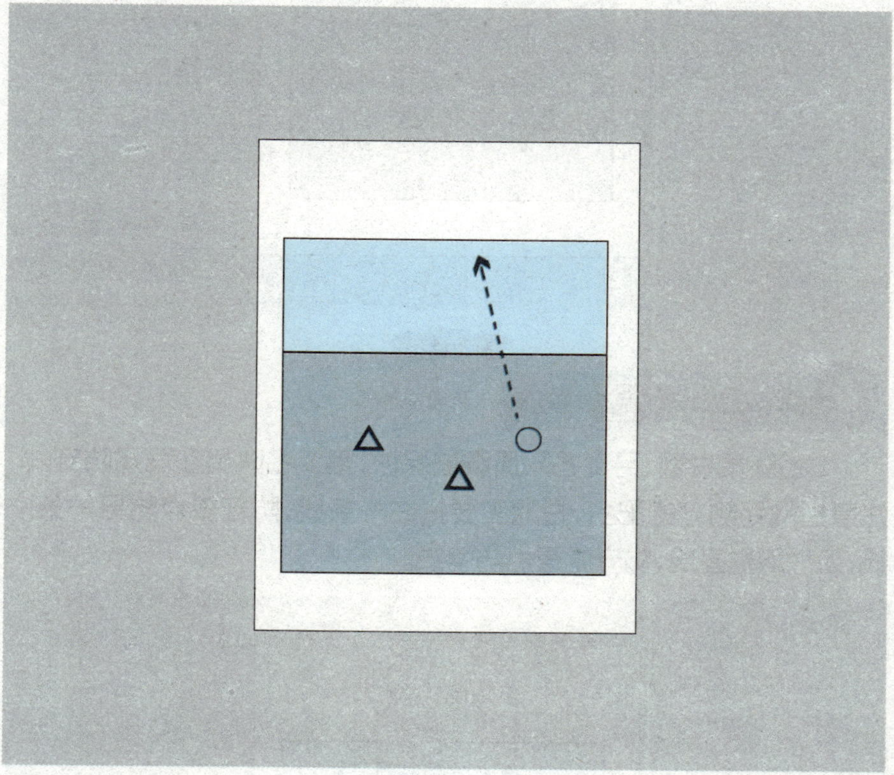

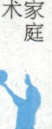

图 4-4-3

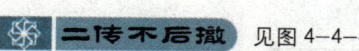

二传不后撤　见图 4-4-4

在网前防对方吊球，其余 2 名队员防守，站位同固定二传接发球阵形。双方水平不高，均无进攻能力，无需拦网或对方无法组织进攻时采用。3 名队员分别负责各自防守的区域。

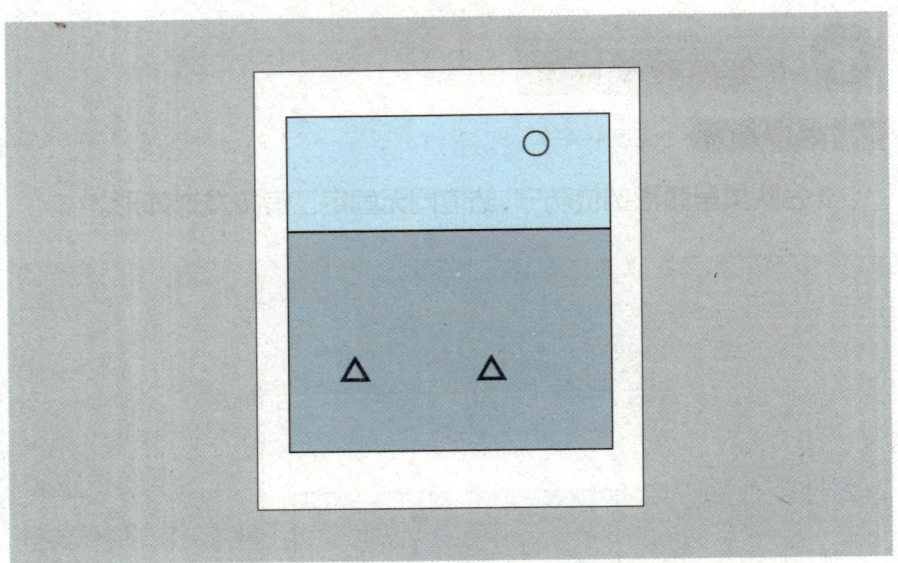

图 4—4—4

 单人拦网防守阵形　见图 4—4—5

　　1 名队员拦网，另 1 名队员跟进保护，第 3 名队员在后场防守。注意拦网与防守的配合，拦网主要拦住一条线，防守重点防另一条线，如拦网拦直线，防守就重点防斜线。

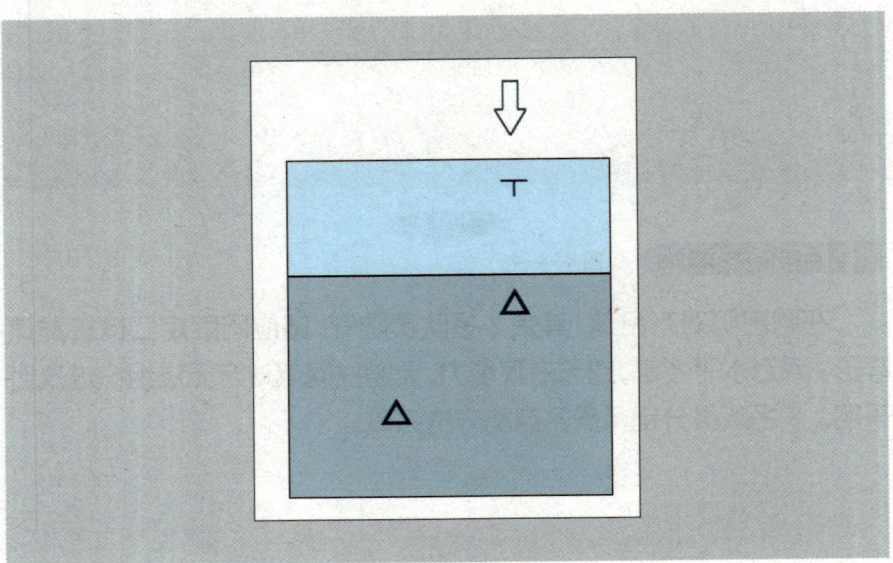

图 4—4—5

双人拦网防守阵形 见图4-4-6

由2名队员拦网，1名队员跟进保护。双人拦网防守阵形在对方进攻较强、吊球较少时采用。

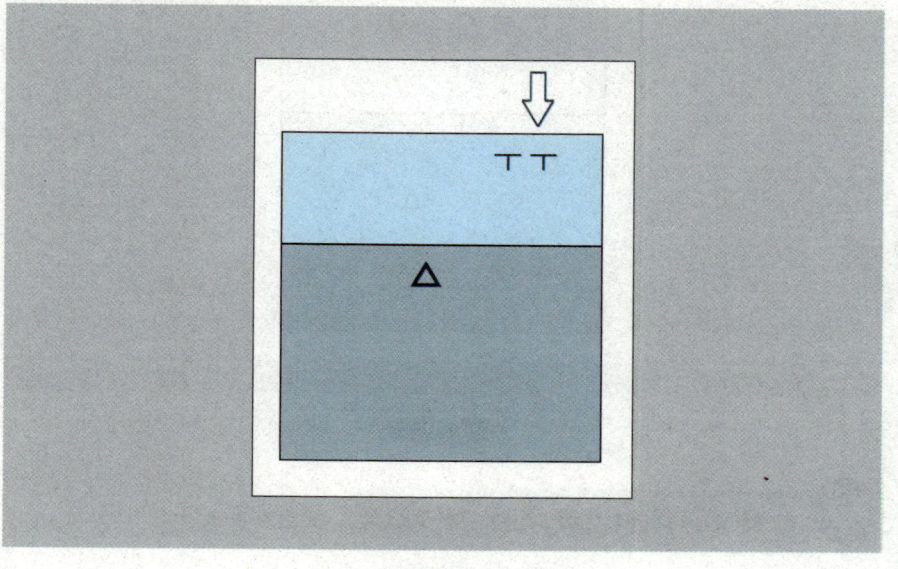

图4-4-6

进攻战术

进攻战术包括二传在右边、二传在中间、两人进攻战术配合等。

二传在右边，由左边和中间二人进攻 见图4-4-7

在右侧传球，左边和中间进攻，可以集中进攻优势。

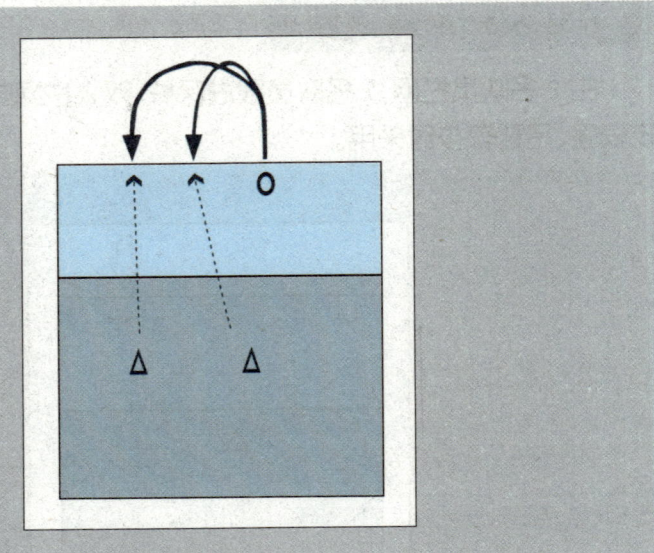

图 4-4-7

 二传在中间，两边拉开进攻 见图 4-4-8

可以进行两边的进攻，是比赛中基本的进攻战术。

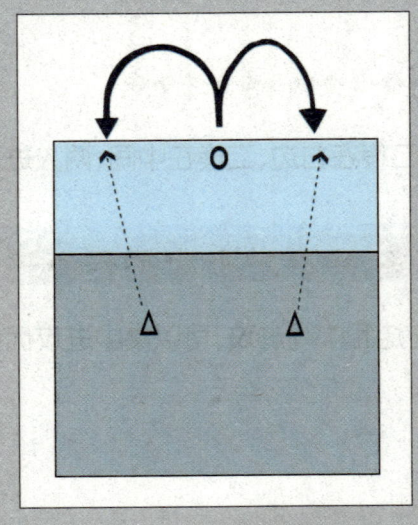

图 4-4-8

两人进攻战术配合

见图 4-4-9

水平较高的三人组，其中两人均有进攻能力，另一人有较高的传球水平，可进行两人的进攻战术配合，如前交叉、后交叉等交叉进攻战术配合。

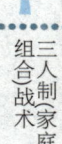

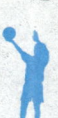

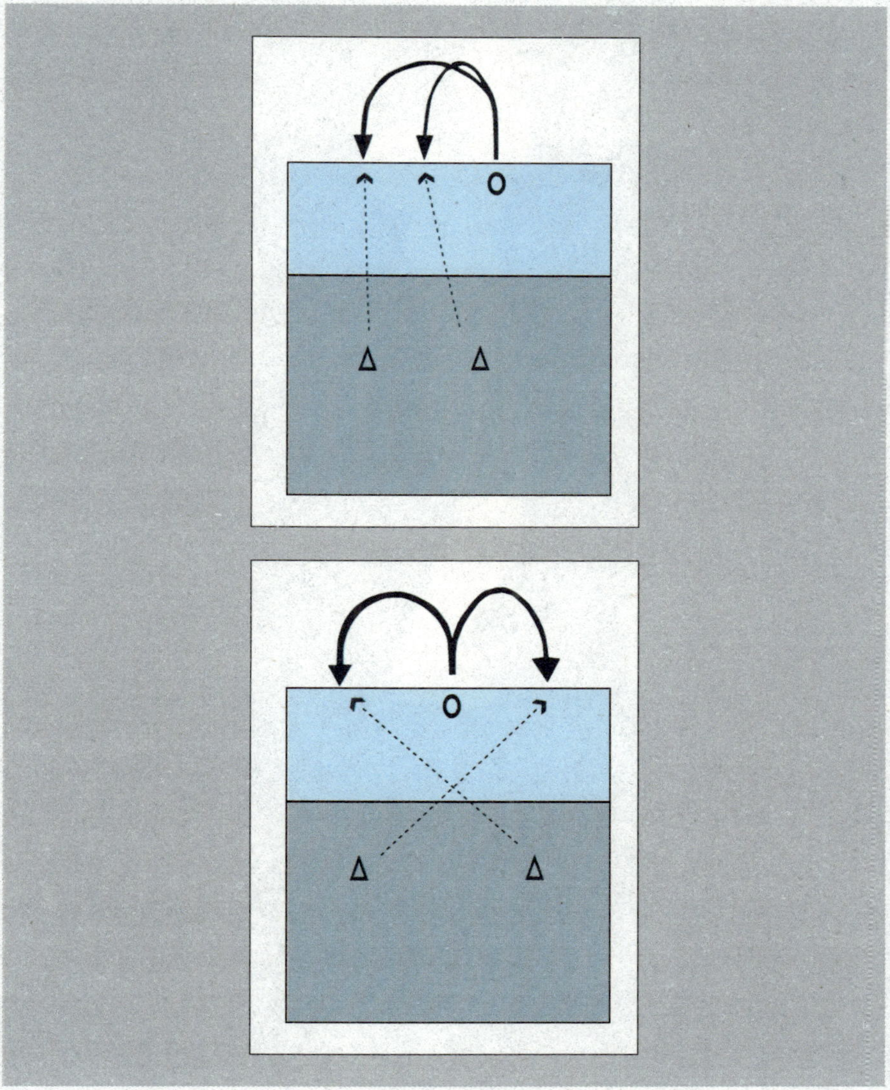

图 4-4-9

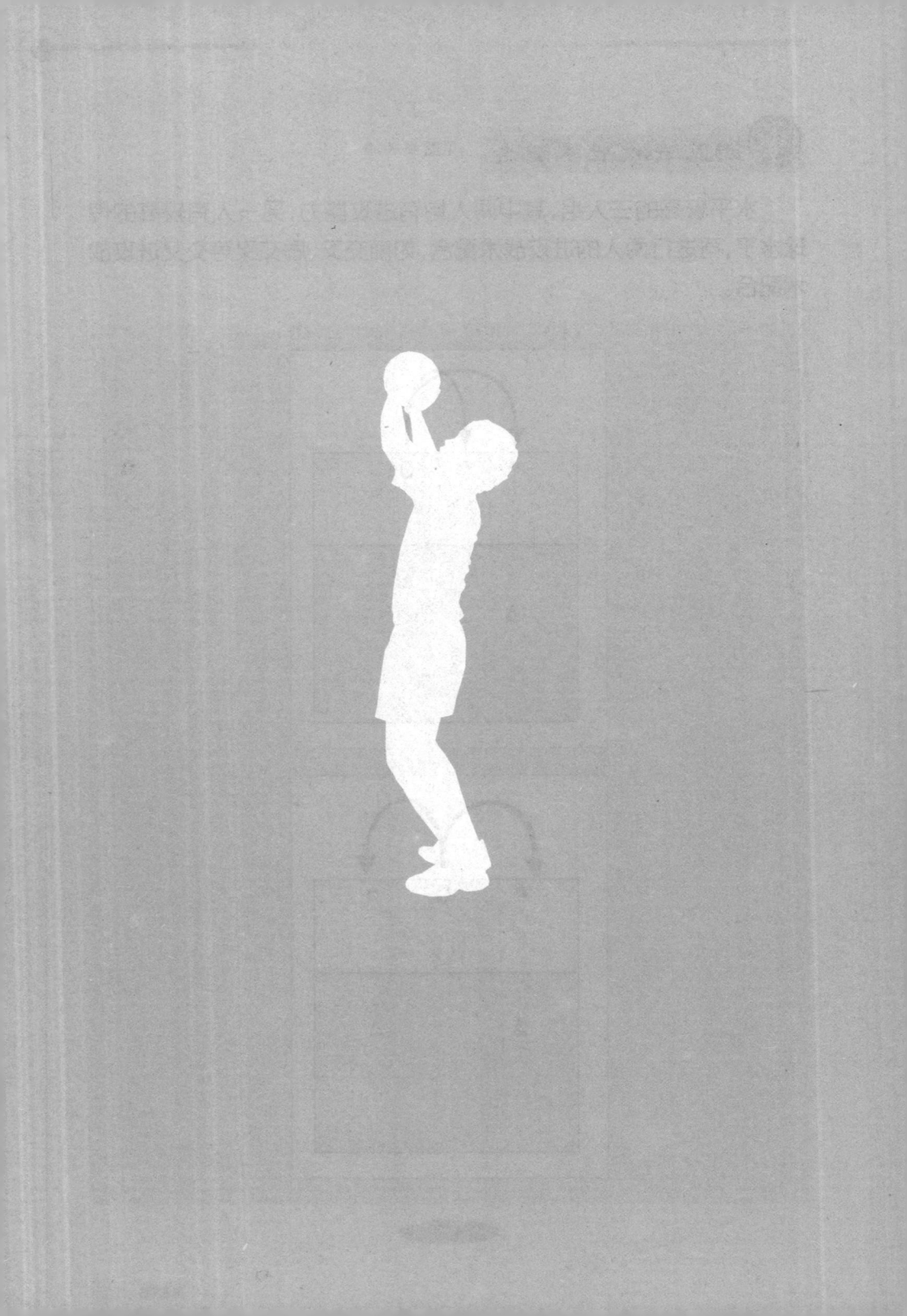

第五章 基本规则

制定各项运动的比赛规则,有助于全民健身运动的深入开展。比赛参与者应该了解运动规则的基本知识,以使自己在比赛过程中游刃有余地发挥技术水平。比赛观赏者也只有在了解基本规则的前提下,才能够充分体验观赏比赛的乐趣。

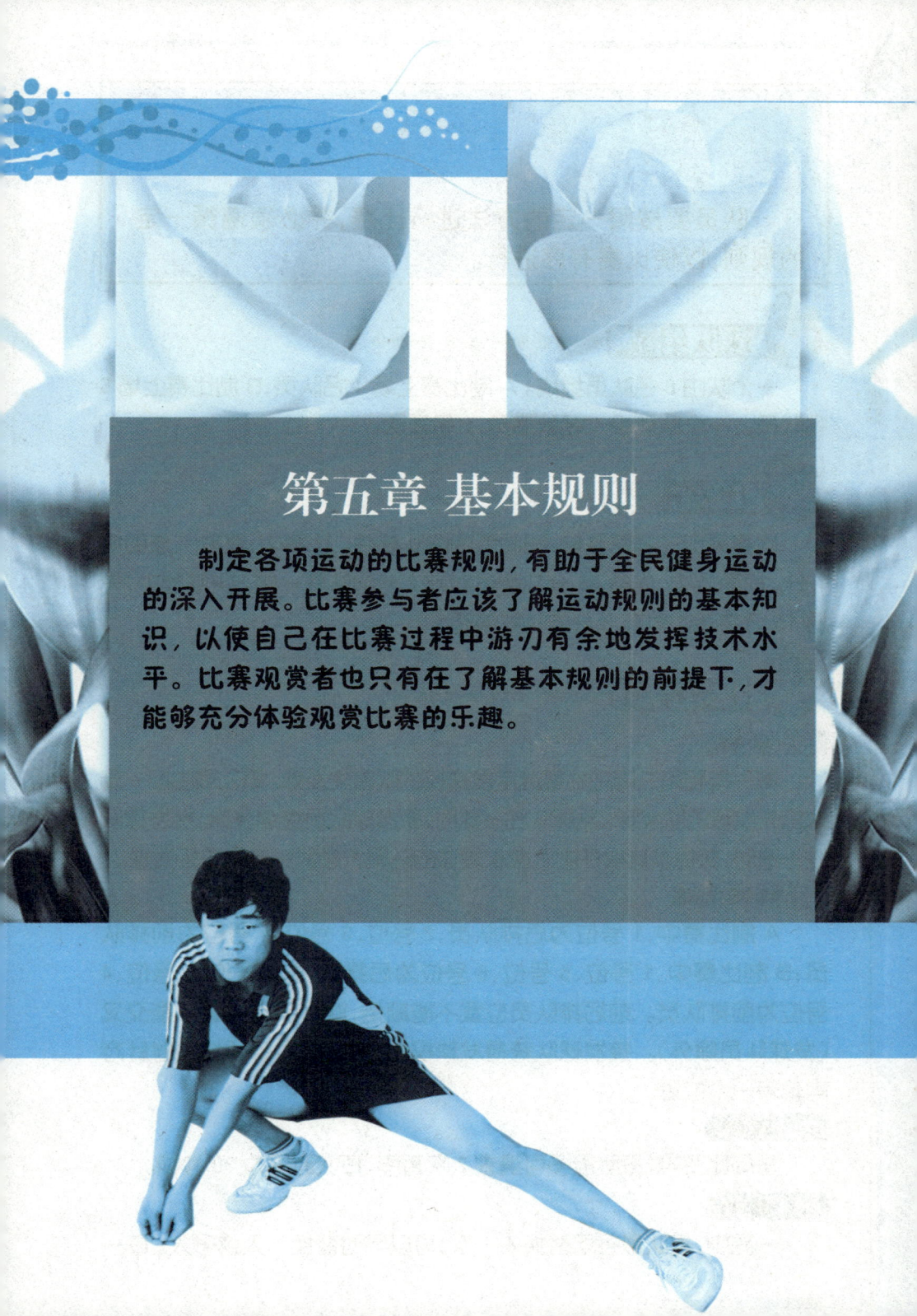

第一节 比赛方法

队员要按照一定的方法进行比赛,并必须遵循一定的规则,以使比赛有序进行。

球队组成

一个队由 8 名队员组成。A 制比赛上场 4 名队员,B 制比赛上场 6 名队员。一个队可设 1 名教练员,1 名领队。

比赛形式

比赛采取三局两胜制,即胜两局的队获胜。比赛中,每胜一球即得 1 分。前两局中,先得 25 分并超过对方 2 分的队胜一局。决胜局中,先得 15 分并超过对方 2 分的队胜该局。

比赛程序

发球

第一局和第三局由抽签选定发球权的队首先发球。第二局由前一局未首先发球的队发球。发球队胜一球时,原发球队员继续发球。接发球队胜一球时,获得发球权并由上次未发球的队员按顺时针方向轮转发球。

轮转次序

A 制比赛中,1 号位为后排队员,2 号位、3 号位、4 号位为前排队员;B 制比赛中,1 号位、5 号位、6 号位为后排队员,2 号位、3 号位、4 号位为前排队员。前后排队员位置不能颠倒,同排队员位置不能交叉(发球队员除外)。接发球队获得发球权后,该队队员必须按顺时针方向轮转一个位置。

暂停

每局比赛中,每队最多可请求 2 次暂停,每次时间为 30 秒钟。

替换

一局中,每队最多可替换 4 人次,可以同时替换 1 人或多人。每一局开始上场阵容的队员,在同一局中可以退出比赛和再次上场。替补队员每局可以上场替换场上任何一名队员。

局间休息

所有局间休息均为 2 分钟。

交换场区

在每局比赛后,双方交换场区。决胜局时,不论哪一方得到 8 分时,都必须交换场区(中间不休息)。

第二节 裁判方法

在比赛过程中,裁判人员通过履行其职责,进行正确的裁判工作,来保证比赛的公平、公正。

裁判人员

A 制比赛中,裁判人员由 1 名裁判员和 1 名记录员组成。B 制比赛中,裁判可由第一裁判员和第二裁判员及 1 名记录员组成(两裁判员的分工与配合按六人制排球规则进行)。

犯规及判罚

比赛中,任何违反规则的行为都被认为是犯规。裁判员根据规则对犯规进行判断和判罚。

发球犯规

发球时犯规

下列犯规应判为发球犯规进行换发球:
(1)发球队发球次序错误;
(2)发球队没有遵守发球的执行。

发球掩护犯规

发球队的队员个人或集体不得利用掩护阻挡对方观察发球队员

和球的飞行路线,如个人或集体挥臂、跳跃、左右移动,或集体密集站立,则构成掩护犯规。

击球后发球犯规

球被发出后,出现以下情况仍被判为发球犯规:
(1)球触及发球队队员或没有通过球网的垂直平面;
(2)球出界。

位置错误犯规

发球队员击球时,如果队员不在其正确位置上,则构成位置错误犯规。

轮转错误

没有按照轮转次序进行发球应判为轮转错误。

击球时犯规

四次击球犯规

一个队连续触球4次(拦网除外)为四次击球犯规。队员不论是主动击球还是被动触及,均算该队员击球1次。

持球犯规

队员在比赛中,身体任何部分均可触球,但球必须被击出,不得接住或抛出,否则即为持球犯规。

连击犯规

比赛时,队员身体任何部分均可触球,但1名队员(拦网队员除外)连续击球2次或球连续触及其身体的不同部位即为连击犯规。

借助击球犯规

队员在比赛场地内借助同伴或任何物体的支持进行击球,皆为借助击球犯规。

队员在球网附近犯规

队员在球网附近的犯规有以下几种情形:
(1)在对方队员进攻性击球前或击球时,本方队员在对方空间触及球或对方队员；

（2）队员穿入对方空间并妨碍对方比赛；

（3）队员越过中线进入对方场区；

（4）队员击球时或干扰比赛的情况下触及球网。

拦网犯规有以下几种情形：

（1）在对方队员进攻性击球前或击球前或击球时,本方拦网队员在对方场区空间触球；

（2）队员从标志杆以外伸入对方空间拦网；

（3）队员拦对方发球；

（4）拦网出界。

每一犯规均有判罚,分为两种情形：

（1）如果2个或更多的犯规先后发生,则只判罚第1犯规；

（2）如果双方队员同时犯规,则判双方犯规,该球重新进行。

（1）粗鲁行为：违背道德原则和文明举止,有侮辱性表示；

（2）冒犯行为：诽谤、侮辱的语言或形态；

（3）侵犯行为：人身侵犯或企图侵犯。

判失一球

队员出现粗鲁行为,判该队失一球。

判罚出场

队员出现冒犯行为,判该队员出场。被判罚出场的队员都必须离开比赛场地,不得继续参加该局比赛。

取消比赛资格

队员出现侵犯行为,取消该队员比赛资格;同一场比赛中,同一名队员出现第 2 次冒犯行为,取消其比赛资格。被取消比赛资格的队员必须离开比赛区域,不得继续参加该场比赛。